文部科学省後援

秘書検定

2級 クイックマスター

改訂2版

早稲田教育出版

● まえがき ●

　秘書検定は,「会社常識」を学ぶにはこれ以外にはないくらいの,うってつけの教材になります。ですから, 学生さんの就職対策としての勉強や資格取得には, 鬼に金棒的な役割を果たしてくれます。

　また, すでに社会人になっている人にとっては, 会社の中での「身の処し方についての在り方」が学べますから, 会社の中で自信を持って仕事をすることができます。

　本書の３級で, 秘書の仕事(秘書技能)を知れば, 会社常識と社会性が身に付けられると述べました。これを詳述すると, ３級では基礎知識が学べ, ２級では応用問題で, 基礎を越えた会社での仕事の仕方, 上司や来客への接し方が学べるということです。

　受験者の中には, ３級は易しいから２級から受験するという人がいます。会社常識を基礎知識として持っている人が３級は易しいというのであれば, それはそれでよいわけですが, 基礎がなくて応用ができるというのは, 勘とか見当による判断が当たったという場合が往々にしてありますから, ご自分を振り返って勉強の仕方に注意してください。

　秘書技能は上司を補佐するためのものですが, 秘書でなくても新入社員として会社に入れば周りは全部先輩です。先輩の補佐が新人の仕事です。先輩もその上の人を補佐しています。要するに会社は, 上の人を補佐することで組織が成り立っているのです。

　このことを意識して秘書検定の２級に合格し, 自信を持って活躍されることを期待しています。

公益財団法人 実務技能検定協会　秘書検定部

　本書は，秘書検定２級を目指す人のために編まれた，分かりやすく実戦的な受験参考書であり，内容としては以下のような特長を持っています。

◆見開き構成の各ページにイラストを多用して，分かりやすくした。
◆できるだけ分かりやすく記述し，難しい漢字にはふりがなを振り，難しい用語は＊を付けて別途解説するようにした。
◆各項目ごとに，そこで学ぶ重要事項や見落としそうな項目をキーフレーズで強調し，記憶に残るようにした。
◆過去の試験によく出題された選択肢や出題されそうな選択肢を提示し，読者が○×式で解答することによって，その項目の理解度がチェックできるようにした。
◆学習の過程でつい錯覚しがちな箇所をピックアップし，細かく解説した。
◆各セクションごとに実問題（実際の過去問題）を出題。セクションごとの理解度や実力が確認できるようにした。また，これらの実問題を利用して合否の自己診断ができるように工夫した。各問いの難易度ランクは★の数が多いほど難易度が高くなります。

　本書を徹底活用することで，多くの方々が秘書検定に合格されることを願っています。

主な登場人物

上司

快活で温厚な性格だが，仕事には厳しい。よい秘書の的確な補佐で，仕事がはかどると喜んでいる。

よい秘書

的確な対応をするので上司に気に入られている。ときどき同僚のダメ秘書の相談に乗っている。

ダメ秘書

悪い性格ではないが，そそっかしく思い込みが激しく，失敗の連続である。しかし，なんとか一人前の秘書になろうと頑張っているので憎めない存在である。

先輩秘書

秘書業務に精通し，後輩の面倒見がよい。後輩の間違いに対しては，丁寧に教えるよう心掛けているが，ダメ秘書の指導には苦労している。

● 秘書検定の受け方 ●

1．秘書検定の範囲
試験は「理論領域」と「実技領域」に分けられます。理論領域には「Ⅰ必要とされる資質」「Ⅱ職務知識」「Ⅲ一般知識」が含まれます。実技領域には「Ⅳマナー・接遇」「Ⅴ技能」が含まれています。

2．合格基準
理論領域・実技領域とも，それぞれの得点60％以上のとき合格となります。どちらか一方が60％未満のときは不合格となります。

3．試験方法
2級は筆記試験だけです。問題の約90％がマークシート方式であり，五つの選択肢から一つだけ選ぶ択一問題になっています。残りは記述式です。試験時間は120分です。

4．受験資格
誰でも受験することができます。学歴・年齢その他の制限は一切ありません。

5．試験実施日
原則として，毎年2月，6月，11月に実施されます。

6．申込受付期間
試験日のほぼ2カ月前から1カ月前までが受付期間となります。検定協会所定の「受験願書」が付いている「秘書検定案内」又は，ホームページで確認してください。

7．受験申込方法

(1) 個人申込の場合
次の二通りの申し込み方法があります。
　①**インターネットで申し込む**：パソコン，タブレット，スマートフォンから秘書検定ホームページへアクセスし，コンビニエンスストアまたは，クレジットカードで受験料を支払う。
　②**郵送で申し込む**：現金書留で，願書と受験料を検定協会へ郵送する。
　　　　　　　　　　（願書は検定協会より取り寄せる）

(2) 団体申込の場合
学校などを単位にしてまとめて申し込みをする場合は，検定協会所定の「団体申込用受験願書」が必要です。「受験願書」に必要事項を記入し，受験料を添えて必ず学校等の担当者に申し込んでください。

8．その他
試験会場，受験料，合否通知，合格証の発行等，また令和3年度より実施するコンピューターを使用して秘書検定（2級・3級）を受験するCBT試験については秘書検定のホームページをご覧ください。不明の点は下記へお問い合わせください。

　公益財団法人　実務技能検定協会　秘書検定部
　〒169-0075　東京都新宿区高田馬場一丁目4番15号
　電話 03（3200）6675　FAX 03（3204）6758　https://jitsumu-kentei.jp/

第**1**章

必要とされる資質

SECTION 1 秘書の心構え

Lesson 1 職業人としての自覚と心構え

■これだけは押さえておきたい
Key フレーズ 「秘書のイメージは会社のイメージ」

上司と社外の人との橋渡し役として多くの人と接する秘書のイメージは，そのまま上司や会社のイメージとなってしまいます。身だしなみ，立ち居振る舞い，言葉遣いなど，全てにおいて秘書としての十分な自覚が必要です。

☆ 秘書の評価は上司の評価につながる

秘書が外部に与えるイメージ（印象）が，上司や会社の評価を左右することもあります。秘書は自分自身の印象が会社に及ぼす影響を常に意識し，以下の点に気を付けなければなりません。

●職場と調和のとれた服装，品位を保った身だしなみを心がける。
●清潔感があり，動きやすく機能的な身だしなみを心がける。
●立ち居振る舞いや言葉遣いに気を配る。
●相手の立場に立って対応する。

Let's Study!
よく出る問題

■適当＝○か不適当＝×か考えてみよう。
□ 面会を申し込んできた取引先の人に，上司は今日は一日中外出していて，都合の確認ができないので明日以降に連絡をもらいたいと言った。

解説：取引先の人が面会を申し込んできたのだから，面会できるように希望の日時を二，三聞いておくなど，相手の立場に立って，できるだけのことをしなければいけない。相手に「連絡をもらいたい」などと言うのは，相手に対する配慮に欠けるので不適当である。
解答＝×

これは間違い！

動作や話し方を周囲の人と合わせるには，丁寧さを気にしないで対応することも必要だと思います。

間違いの理由

ビジネスの場では，常に丁寧な対応を意識していなければいけません。

☆ 仕事の流れを知る

　仕事には流れがあります。その流れを理解して，ゆとりを持った段取りを組むことが大切です。また，秘書は上司の仕事の流れや行動をよく知り，タイミングよく上司の補佐ができるように，自分の仕事を調整していくことが必要です。そのためには，以下のようなことに留意します。

- ●上司と自分のスケジュールを把握する。
- ●急を要する報告以外は，タイミングを見計らって上司の在社時に行う。
- ●直接上司と会えないときは，電話やメモなどで確実に連絡を取る。
- ●自分の都合だけでなく，全体的な流れを考えて仕事を進める。
- ●急な残業もあるので退社後の個人的な約束は，時間に余裕を持たせておく。

☆ 研究心・向上心を持つ

　職業人としての能力を高めて仕事の守備範囲を広げるために，常に研究する姿勢，向上しようとする努力が大切になります。

　まず最初は，自社の各部門の仕事などを把握することから始め，次いで同じ業界や産業界のことを理解するようにします。さらに，国内外の経済・政治・文化にも関心を向け，幅広い知識を身に付けるようにしていきます。

　また，一般的な教養を深めるほか，最新のパソコン操作やパソコンソフトの研究など，時代に対応した能力を開発していくことも大切です。

Let's Study! よく出る問題

■適当＝○か不適当＝×か考えてみよう。（経験のない仕事を指示された）

□①経験のない仕事なので，経験のある先輩に聞きながら進めることになるが，それでよいかと尋ねる。

□②経験のある先輩に指示してもらえないかと言い，それを手伝いながら覚えていくようにしたいと言う。

解説：①未経験の仕事だから先輩に教えてもらうことは必要である。そのことを上司に確認し，許可を得ようとするのは適切な対応である。
解答＝○

②誰に仕事を指示するかは上司が決めること。それを「先輩に」などとは秘書の言うことではない。また未経験の仕事に取り組もうとする向上心に欠ける。
解答＝×

これは 間違い！

間違いの理由

パソコンは面白いので上司にも教えてあげたいと思っています。

求められもしないのに，面白いから上司に「教える」などということは，秘書がすることではありません。 ✕

2 上司の補佐役としての秘書

■これだけは押さえておきたい■
Key フレーズ 「秘書は上司を理解し，上司を補佐する」

秘書は上司の補佐役です。上司を理解し，意向に沿った仕事の進め方をする必要があります。

☆ 上司の有能なサポート役となる

　上司の補佐とは，上司の身の回りの世話を含め，効率よく上司の雑務を処理していくことです。そのためには，以下のようなことに留意しておくことが大切です。

- ●上司への気遣いを心がけて身の回りの世話をする。
- ●会社の業務知識を確実に身に付ける。
- ●上司の職務や権限を認識する。
- ●秘書の職務範囲を守り，上司の立場を理解して適切に補佐する。
- ●上司の指示を優先する。
- ●資料は誰が探しても分かるように整理する。
- ●ＯＡ事務機器を使いこなせるようにする。特にパソコンの知識を持ち，業務に必要な操作はマスターしておく。

Let's Study!
よく出る問題

■適当＝〇か不適当＝×か考えてみよう。

□①上司が飲むお茶は緑茶が多いが，外出から帰ったときは，「緑茶でよろしいでしょうか」と尋ねている。

□②「お疲れの様子なので，今日はこれからお休みになってはいかがでしょうか」と言った。

解説：①暑い日などは，緑茶ではなく，冷たい飲み物が欲しいかもしれない。秘書にはこうした気遣いが必要である。解答＝〇

②上司に休んだらどうかと指示を出していることになる。このようなことは，部下に対して言うことで，秘書が上司に対して言うことではない。解答＝×

これは 間違い！

前の上司が異動になったことを知らないN氏から前の上司への面会申し込みの電話があったのです。それで前の上司は異動になったことと，現在の秘書Bのことを教えて，Bに頼んでもらいたいと話しました。もう，前の上司の秘書ではないので，対応するのは職務の範囲を越えることになりますから……。

間違いの理由

前の上司への対応は，職務の範囲外ですが，N氏に再び頼ませるのは配慮が足りません。N氏には「今の秘書のBから連絡させる」と話し，Bに伝えて後を頼むのが秘書として正しい対応です。

☆ 上司の人間性を理解する

　上司を煙たがったり，避けたりしているといつまでも上司を理解することはできません。

　自分とは合わないタイプの上司だと感じても，上司の人間性を理解しようと努力していくうちに次第に上司との呼吸も合ってくるようになるものです。以下のようなポイントを押さえて，自分から進んで上司を理解するように心がける必要があります。

- ●上司の気持ちや考えを察して補佐する。
- ●上司の関心事や活動範囲を知る。
- ●指示されたことだけでなく，した方がよいと思うことは進んで行うなどよきサポート役になる。
- ●対話の機会を多く持ち，上司との行き違いがあれば，冷静に話し合う。

Let's Study!　よく出る問題

■適当＝○か不適当＝×か考えてみよう。（上司が替わったとき）

□①上司の性格や，好み，仕事の仕方，特に注意することなどを前任の秘書に聞いて対応する。

□②前の上司のときのやり方をし，上司から注意されたら，一つ一つ合わせていくようにする。

解説：①新しい上司を理解しようという積極的な姿勢がみられる。
解答＝○
②上司から注意を受けたら合わせるという態度ではいけない。
解答＝×

☆ ミスをしたときの対応

　人間だからミスをすることもあります。大切なのは，上司がミスしたときの秘書の対応です。秘書は，上司のミスを指摘する立場にはないことを心得ておきましょう。

◆**秘書がミスしたときの対応**

　自分がミスしたときは言い訳などせず，素直にわびて上司に対応の指示を仰ぎます。

◆**上司がミスしたときの対応**

　上司がミスしたときは，指摘するのではなく「確認する」ようにして補佐します。

これは 間違い！

上司から渡された送付リストの通り送付したはずなのに，後日，送付されてない会社があったと指摘されてビックリ。
調べるとその会社はリストにないのです。私の責任ではないことを説明したのですが……。

間違いの理由

秘書に責任はありませんが，送付漏れがあったのは事実なので，指摘されたらすぐに謝罪します。そして，すぐに送付し，リストに書き加えておくのが秘書の仕事です。事情は，折りを見て話すようにします。

3 秘書の人柄

「機密を守り，信頼関係を築く」

秘書は上司に信頼されてはじめて補佐役が務まるといえます。機密を守るなど，秘書として信頼がおける人柄が何よりも求められます。

☆ 信頼を得られる人柄

　秘書は，上司はもとより，社内外の人からも信頼されるようにならなくてはいけません。しかし，信頼は最初から得られるものではなく，日ごろの人間関係や仕事を通じて培われていくものです。

　次のようなことに留意しながら，信頼を得られる秘書となるよう努力することが必要です。

- ●誠実で明るく，誰に対しても公平な態度で接する。
- ●周囲を気遣い，協調性を持って仕事をする。
- ●引き受けた仕事は責任を持って成し遂げる。
- ●上司の職務，仕事の流れを明確に理解する。
- ●上司の仕事を的確に補佐する。
- ●上司に配慮し，事前に仕事の準備をする。

誠実で明るい。

謙虚で素直。

協調性，
責任感がある。

向上心，
研究心がある。

寛大で，
柔軟性がある。

ユーモアがあり，
ウイットに富む。

ウイットとは，その場の空気を和らげる気の利いた言葉やしゃれがとっさに出せる才能。場の雰囲気を読み，機転を利かせることも大切です。

冷静で沈着。

☆ 機密を守る

　機密を守り切ることが「信頼のおける秘書」としての評価にもつながります。普段から次のことに注意しましょう。

- ●家庭内や電車内でも注意。仕事上のことはむやみに話さない。
- ●機密事項に関する質問に対しては，自分は知る立場にないことをはっきりと話す。
- ●機密書類の取り扱いは細心の注意を払い，保管から破棄まで責任を持つ。
- ●機密を守るためとはいえ，社内の交友関係を狭めるようなことをしない。
- ●話してよいこと，悪いことを適切に判断して臨機応変に対応する。

Let's Study!
よく出る問題

■適当は○か不適当は×か考えてみよう。（上司に外出先は伏せておくようにと指示されたとき，他部署の部長に外出先を聞かれた）

□①社内の部長だから，話しても問題ないと思った。

□②「上司は外出中だが，詳しいことは知らされていないので知らない」と答える。

□③社内の部長なので「外出先は伏せておくようにと言われている」と正直に話し，行き先は答えない。

解説：①上司は伏せておくようにと指示したのだから，社内の部長であっても，話してはいけない。
解答＝×

②解答＝○

③「伏せておくようにと言われた」ことそのものも言ってはならない。
解答＝×

この話は別に秘密ではないから課長には話せるわ。

これは間違い！

上司の外出中に，上司の友人から電話があり，「令嬢の結婚が決まったと聞いたが，いつなのか」と尋ねられました。そのことは上司に聞いていたのですが，上司のプライバシーに関することなので，知らないふりをしました。
上司のプライバシーについても話さないのが秘書の心得です。

間違いの理由

祝い事であり，決まった話なので，特に秘密にしてプライバシーを守るという類いのものではありません。しかも相手は上司の友人なのだから，上司から聞いていることをそのまま伝えて構いません。
話してよいこと，悪いことを見分ける判断力を身に付けないと……。

1 難易度 ★☆☆☆☆ できないと キビシ～!!

　販売部の兼務秘書Aの下に新人Fが配属され，兼務秘書の仕事を引き継ぐことになった。Fは態度・振る舞いや言葉遣いに無頓着で，学生気分が抜けていない様子である。次は，このようなFにAが言ったことである。中から<u>不適当</u>と思われるものを一つ選びなさい。

1）今のままの態度・振る舞いや言葉遣いでは印象が悪く，F自身が損をすることになる。
2）先輩たちが上司や来客にどのように接しているかをしっかりと見て，見習ってもらいたい。
3）兼務とはいえ秘書を担当する者は，他の部員とは一線を画し，特別視されるくらいでないといけない。
4）秘書の態度・振る舞いや言葉遣いは，上司のイメージに影響することもあるので，改めないといけない。
5）社会人としての自覚が足りないように思う。気付いたことはアドバイスするので，疑問に思うことは遠慮なく聞いてもらいたい。

2 難易度 ★★☆☆☆ できないと アヤウイ! チェック欄

　秘書Aは他部署のDから，Aの上司が異動するといううわさがあると聞いた。Aはこのことについて上司からは何も聞かされていない。このような場合，Aはどのように対応するのがよいか。次の中から適当と思われるものを一つ選びなさい。

1）Dの話だけでは事実かどうか分からないので，人事の関係者にそれとなく聞いてみる。
2）自分は知らなくても事実ならいずれ上司から話があるだろうから，そのままにしている。
3）上司の異動であれば自分にも関係することなので，事実かどうかを上司に尋ねて確かめる。
4）Dに誰からそのうわさを聞いたか教えてもらい，その人に直接うわさのことを確かめる。
5）Dに，上司の秘書としては知っておいた方がよいので，詳しく教えてもらえないかと言う。

第1章 必要とされる資質

3　難易度 ★★★☆☆ できて ひとまずホッ!!　　　チェック欄

秘書Aが同僚Dと昼食に出かけるため部屋を出たところへ，上司の友人のT氏が不意に訪れた。T氏はよくこの時間に来て上司と食事に出かける。このような場合AはT氏にあいさつをした後，どのように対応するのがよいか。次の中から適当と思われるものを一つ選びなさい。

1）Dには先に行ってもらい，T氏を上司に取り次いでから食事に出る。
2）T氏はすぐに上司と一緒に食事に出るだろうし，あいさつはしたのだからこのままDと食事に出る。
3）T氏に今日も上司と一緒に食事に出るのかを尋ね，そうだと言ったら取り次いだ後でDと食事に出る。
4）Dと一緒にT氏を取り次ぎ，上司にすぐ食事に出るのかを尋ね，出ると言ったら自分たちも食事に出る。
5）T氏に上司が在席していることを伝え，自分は食事に出るところなのでここで失礼すると言って，Dと食事に出る。

4　難易度 ★★★☆☆ できて ひとまずホッ!!　　　チェック欄

秘書Aの下に配属された新人Bは早合点する癖があり，仕事にミスが目立つ。このような場合，BがミスをなくすためにAはどのようなことを言えばよいか。次の中から不適当と思われるものを一つ選びなさい。

1）一度確認した内容でも気になるところは，何度でも指示者に確認すること。
2）指示を受けるときに，早合点して理解したと思い込む癖があることを自覚すること。
3）指示された仕事は，始める前に自分の癖を意識して，慎重にチェックしながら行うこと。
4）指示を受け終わったら，ミスの出そうな箇所があれば教えてもらいたいと指示者に頼むこと。
5）仕事の途中で指示通りかどうかをチェックするときは，間違っているはずはないという考えは持たないこと。

次は秘書Aが外から会社へ電話をしたとき，電話に出た同僚に頼んだことである。中から**不適当**と思われるものを一つ選びなさい。

1) 風邪のため欠勤することを伝えようと電話をしたとき，上司に代わってもらった。
2) 家の都合で出社が午後になることを伝えようと電話をしたとき，上司に伝えてもらいたいと頼んだ。
3) 上司から指示された仕事が終わり直帰することを伝えようと電話をしたとき，上司に代わってもらった。
4) 通勤途中，電車の遅延で出社が少し遅れることを伝えようと電話をしたとき，上司に伝えてもらいたいと頼んだ。
5) 上司から頼まれた買い物に時間がかかり，戻るのが遅くなることを伝えようと電話をしたとき，上司に伝えてもらいたいと頼んだ。

秘書Aは上司（販売部長）に，「K社から新製品発表会の案内状がまだ届いていないと連絡があった。漏れがないようにしてもらわないと困る」と注意された。しかし，案内状のリストにK社は入っていない。このような場合，Aはどのように対処すればよいか。次の中から適当と思われるものを一つ選びなさい。

1) K社に電話で遅れた理由を説明してわび，会場や日時などを伝えておきすぐに送る。
2) K社はリストにないが送ってよいかと上司に確認し，よいと言われたらすぐに送る。
3) リストになぜK社がなかったのかを上司に尋ね，K社にはわび状を添えてすぐに送る。
4) 上司にすぐに送ると言って，送り状にわびの言葉を書いて送り，リストに追加しておく。
5) K社には電話で不手際をわびてすぐに送ると言い，リストに追加してよいかを上司に確認する。

1＝3）Fは販売部の一員。同じ部員だから一線を画す必要はなく，特別視されるくらいでないといけないなどは，見当違いな考え方で不適当ということである。

2＝2）上司の異動のうわさを聞いた。事実かどうかを確かめたところで今の時点でAは，秘書として何をするということがあるわけではない。このような場合は，上司から話があるまでそのままにしているのが適切な対応ということである。

3＝1）T氏がこの時間に上司と食事に出ることがよくあり，Aは昼食に出かけるところだとしても，秘書なのだから上司に取り次ぐのは当然のこと。このような場合，Dには先に行ってもらうなどがよいということである。

4＝4）この場合，ミスをなくすには，早合点する癖を本人が自覚し改善する以外にない。それを，ミスの出そうな箇所を指示者に尋ねては，いつまでも改善にはつながらないので不適当ということである。

5＝2）Aの出社が午後になれば午前中の上司の仕事に影響があるかもしれないのだから，上司と直接話さないといけない。電話に出た同僚に伝えてもらいたいと頼むなどは不適当ということである。

6＝4）漏れがないようにしてもらわないと困ると注意されたのだから，K社は送る対象なのである。また，K社から届いていないと連絡があったのだから，送り状にわびの言葉を書いて送り，リストに追加しておくという対処が適当になる。

合否自己診断の目安

　正解率60％以上を合格の目安としてください。ここでは，6問出題したので，4問以上の正解でクリアです。

1　秘書の心構え	6問中　　問正解　●正解率＝　　　％

実際の試験では，配点は公表されていませんが，理論領域と実技領域で，それぞれ60％以上の得点で合格となります。今後，各セクションごとに過去問題を出題しますから，問題数に対して60％以上の正解率を勝ち取るように頑張ってください。
さて，この「秘書の心構え」で4問以上正解できましたか？
ン!?，クリアできなかった？
まあ，落ち込まないで，次で取り返せばOKですよ。

SECTION 2 秘書に必要な条件

Lesson 1 求められる能力① 処理能力・行動力

「仕事を手際よく処理する能力の鍵は行動力」

多様な仕事を任されている秘書は，抱えている仕事をテキパキと片付けていく処理能力が要求されます。その鍵となるのは，無駄のない洗練された動きと先を読んで素早く手を打つ行動力です。

☆ 仕事における処理の基本

　細かい仕事が断続的に積み重なるのが秘書の仕事の特徴でもあります。これらの仕事を素早く的確に処理できるかが，秘書の腕の見せどころです。仕事の処理能力を高めるためには，以下のような基本的な考えを理解しておく必要があります。

◆自分の仕事は責任を持って行う

　こちらから連絡すべきことを先方にやらせたり，先輩や同僚に仕事を押し付けることは問題外です。自分の仕事は自分でするのが鉄則です。

◆不満を言うより提案をする

　仕事の進め方や仕事量などについて，不満を言うだけでは評価を落としてしまいます。問題点があるならば，改善策を考えるのが先決。その上で提案を行うのが正しいやり方です。

◆困ったら早めに手を打つ

　仕事が重なるなどして，対応できなくなりそうなときは，早めに上司に状況を説明し，先を見越した対策を立てて処理していきます。

◆仕事の期限を守る

　仕事には期限があります。仕事の優先順位や進め方などを考え，期限を厳守するようにしますが，期限が厳しい場合は，早めに判断して上司に相談し，応援を求めるなどの手を打ちます。

Let's Study！
よく出る問題

■適当＝○か不適当＝×か考えてみよう。

□ 上司が緊急部長会を開くことをK部長に伝えに行くと，「議題は何か」と聞かれた。知らされていなかったので「上司に聞いてほしい」と答えた。

解説：このように言うことは，秘書の役目であるパイプ役としての仕事を果たさないで，「知りたいなら，自分で聞くように」とK部長に仕事を押し付けていることになる。この場合「知らされていないが，必要なら聞いて連絡する」と答えるのがパイプ役としての秘書の仕事である。

解答＝×

☆ 行動力

　秘書には，上司に指示されたことを要領よく処理するだけでなく，何でも苦にせず積極的に素早く行動することが求められます。

◆要領よくスピーディーに仕事をする

　指示された仕事を迅速(じんそく)に処理するためには，その仕事に何が必要で，それがどこにあるかを知っておくことが大切です。そのためには，上司が必要とする資料の保管場所，社内の各部署にどのような資料やデータがあるのかを日ごろからきちんと把握しておく必要があります。また，スピーディーに仕事をするためには以下のことを心がけます。

- ●ポイントを押さえた行動をし，無駄な動きをしない。
- ●他部署から資料を借りる場合は，事前に連絡しておくなど，無駄な時間の空白をつくらない。
- ●すぐ行動に移せるよう前準備をしておく。

これから資料を
借りに伺います。

◆フットワークを軽く

　秘書は敏速に行動することが求められます。何をすべきかを素早く理解し，即座(そくざ)に行動に移すようにします。以下のようなことに留意し，フットワークを軽くするよう心がけましょう。

- ●常に，きびきびした動作をする。
- ●面倒なことや気が進まない仕事も気軽に 快(こころよ)く引き受けて，すぐに処理する。
- ●考え過ぎたり，迷ったりしない。分からないことは先輩や同僚にアドバイスを求めるなどして，すぐに行動を起こす。

これは 間違い！

N氏との打ち合わせのため上司が出かけた後，N氏の秘書から電話があり，急用ができたので1時間遅らせてほしいとのことでした。1時間遅れると上司の次の予定に支障が出るので，直接交渉してほしいと上司の携帯電話の番号を教えました。

間違いの理由

相手に交渉させることではありません。次の予定に支障が出るなら，その相手にも連絡して調整する必要があります。すぐ上司に連絡し，次の予定の調整を含めてどのようにするか打ち合わせをするのが秘書の役目です。

2 求められる能力② 判断力

Key フレーズ 「指示の真意を知り状況に応じた判断をする」

秘書は上司の指示に従うことが鉄則ですが，全て額面通り解釈するのではなく，真意を知って判断することが大切です。例えば，「会議中は電話は取り次がないように」と指示されても，緊急の場合は取り次がなければなりません。

☆ 的確に判断して行動する

秘書は上司の補佐役として，さまざまな場面で的確な判断を求められます。そのためには次のようなことを留意しておきます。

● どのように対処すれば，上司や会社にとってよい結果が得られるのかを理解しておく。
● 上司の立場をよくする言動を心得ておく。
● 何かあったときにも機転を利かせ，素早く対処できるよう準備しておく。
● 突発的なことに対する心構えをしておく。
● 上司に関する人間関係を把握しておく。

これは間違い！

上司に面会を断られた見知らぬ客から，私の名刺をもらえないかと言われました。上司が面会を断わったのだから，関わりを持たない方がよいと思い，自分の名刺は渡すことができないと言いました。

間違いの理由

名刺を渡さないという判断は正しいですね。しかし，「渡すことができない」と言うのはよくありません。「渡せない」ということは，持っているのに渡さないということですから角が立ちます。機転を利かせて，「名刺は持っていない」と言えば，相手も「ないものは仕方がない」と，その場も丸く収まります。

Let's Study！
よく出る問題

■ 適当＝○か不適当＝×か考えてみよう。（世話になったお礼の品を贈りたいので，上司の自宅を教えてもらいたいとの電話に）

□① 「申し訳ないが会社の決まりで自宅の住所は教えられない，お礼の品なら会社に送ってもらいたい」と言う。

□② 上司の了承を得て知らせることにし，「後ほど連絡させてもらう」と言う。

解説：①自宅の住所を教えないという会社の決まりは，「本人の了承がない場合は」という前提がある。本人が了承するのなら教えて構わない。この場合は，お礼の品を贈るためだから，上司に確認して指示を仰ぐという判断をするのが適切。
解答＝×
② 解答＝○

☆ 取り次がない指示があっても取り次ぐ場合

　上司が仕事に集中したいときや静かに考え事をしたい場合，あるいは面談や会議に入るときに，「電話や来客は取り次がないように」と指示されることがあります。しかし，この指示には「緊急の場合は除いて」という言葉が隠れています。従って，次のようなことを考慮して判断するようにします。

◆上司に取り次ぐ判断基準

　以下が取り次ぐ際の判断基準ですが，面会したり電話に出たりするかどうかは上司が決めるので，秘書はその後指示を仰ぐことになります。

- ●事態の重要度や緊急性で判断する。
- ●相手と上司との関係で判断する。
- ●いつでも会える人か，そうでない人かで判断する。
- ●遠距離からの来訪者かどうかで判断する。

これは 間違い！

間違いの理由

上司（常務）から「誰も取り次がないでほしい」と言われていましたが，部長が「常務の印をもらいたい」と言ってきたので，すぐ済むことと思い，取り次ぎました。

部長は上司の部下なので，特に急ぎでなければ出直してもらっても差し支えのない相手です。「すぐ済むからよい」と判断したのでしょうが，すぐ済むことでも，考え事や集中している仕事を中断されたくない場合もあります。この場合は上司の指示に従う判断をしなければいけません。

◆取り次ぐ場合の具体例

　以下のような場合は，基本的には取り次ぐようにします。

- ●取引先の転任・着任のあいさつ訪問。
- ●上司の恩師・親友の訪問。
- ●社長など，上司の上役からの呼び出し。
- ●紹介状を持ってきた客の訪問。
- ●緊急の用事で部下が来た場合。
- ●家族からの緊急電話。
- ●家族や社員の事故や急病といった緊急事態。

転任や着任のあいさつは，儀礼的なもので時間も取らないので，取り次ぎます。

3 求められる能力③ 理解力・洞察力

Key フレーズ 「洞察力で仕事の流れを読み，次を察知する」

秘書に求められる「理解力」とは，上司の意向や指示を正確に理解することです。また「洞察力」で求められることは，仕事の流れを読んで，次に何が必要なのかを察知して準備をしたり行動を起こすことです。

☆ 上司の意向を正確に理解する

上司は，秘書に指示を出したり，何かを尋ねたりするとき，詳しく丁寧に説明することは少ないものです。秘書がある程度慣れてくると，説明を省略したり，単に「あれ，どうなっている」などと聞いたりします。そういうときでも，すぐに対応できることが求められます。そのためには，以下のようなことを心がけます。

- ●前後の話の流れから，上司の言いたいことを推察して理解する。
- ●常に，何が最優先課題かを承知しておく。
- ●上司の最近の関心事を把握しておく。
- ●上司の人間関係を把握しておく。

Let's Study! よく出る問題

■適当＝○か不適当＝×か考えてみよう。

□ 上司が，たまには社員食堂で昼食を取りたいという話をしていたので，「いらっしゃる日が決まりましたら教えてください。食堂の人に伝えておきますので」と言った。

解説：上司が「たまには社員食堂で昼食を」と言うのには，食事だけでない理由が考えられる。例えば社員の食事の様子，社員との雑談，食堂の雰囲気，メニューをチェックするなど。そういう考えがあるかもしれないと推察しないで，上司を特別扱いしてもらうために「伝えに行く」などは不適切。上司の言動から真意を理解しようという姿勢がみられない。
解答＝×

これは 間違い！

「今日は時間があるので今からパソコンの練習をする」と上司から言われたので，「練習に専念できるように，来客や電話があったら，外出中ということにしておきましょうか」と言ったのですが……

間違いの理由

上司は時間があるから練習すると言ったのです。従って，不意の客や電話が入ったときには，仕事を優先するのは当然のことです。「外出中ということにしておく」と言うのは，なぜ練習しようとしたのか上司の意図を理解していないようですね。

☆「よろしく頼む」を理解し，対応する

　「急用で出かけるから，後はよろしく頼む」などと上司から言われることがあります。そう言われた秘書は，上司のスケジュール変更をしなければならないと理解しなければなりません。

◆スケジュール変更の対応

　この場合の変更は，こちらの一方的な都合ですから，相手への対応も慎重に行います。以下の点に気を付けます。

●同じ相手に変更を繰り返さない。
　　同じ人との約束を何度も変更しないように配慮する。変更の繰り返しは相手に失礼になると同時に上司が信用を失うことにもなりかねない。

●丁重にわび，理由を説明する。
　　こちらの都合でスケジュールの変更を依頼するのだから丁重にわび，「急用のため」と理由を話す。

●先方の都合を優先する。
　　変更後の約束は先方の都合を優先することになるので，相手の都合を二，三聞いておき，検討する。

これは間違い！

上司から「3時に急な面談が入ったので，部長会は欠席するからよろしく頼む」と言われました。それで，部長会の担当者に理由は言わずに「上司は会議に出席できない」とすぐ伝えました。

間違いの理由

この場合は「3時に急用が入ったので」と欠席する理由を話す必要があります。

☆ 仕事の流れを読む洞察力を身に付ける

　秘書に必要な洞察力とは，仕事の流れを読み，「次」を見抜く力です。例えば，上司の一連の言動から，次に必要になるであろう資料を準備しておくというように，次に相手が何を求めてくるかを推測し，それに対して自分は何をすべきかを察知して仕事をすることが大切です。

アッ，あの資料が必要だわ。

4 求められる能力④人間関係処理能力

「秘書の人間関係処理能力が上司の評価を左右する」

秘書はパイプ役として上司と多くの関係者とを橋渡しする立場にあります。秘書が対人関係を良好に保っておかないと，上司の仕事もスムーズに運ばず，上司の評価にも影響します。

☆ 社内の人への対応

　秘書は社内の人間に対しても，対応をおろそかにしてはいけません。秘書の対応の仕方によっては，社内での上司の信用が落ち，上司の立場が悪くなることもあります。

◆上司の上役への対応

　社長，会長など，上司の上役からの指示や命令は，最優先して対応しなければなりません。

◆上司の同僚への対応

　上司の同僚が上司と仲がよくても悪くても，失礼のない対応を心がけ，仕事上は公平に付き合います。誰に対してもそのような態度で接していれば，人事異動でどこに配属されても，何のこだわりもなく，スムーズに仕事に取り組むことができます。

上司と仲が悪い部長だけど……

◆上司の部下への対応

　あくまでも上司の部下であって，間違っても秘書の部下ではないということを心得ておきます。特に，上司の命令・指示を伝えるときの言葉遣いや態度には注意が必要です。

かしこまりました。

これを部長へ。

☆ 社外の人への対応

　社外の人に対しては，特に慎重な態度で接することが求められます。重要な取引先とそうでないところ，会社の大小などで区別することなく，誰に対しても誠実に接し，信頼を得るような対応を心がけます。

これは 間違い！

上司の評価を下げたりしないように，いつも注意しています。先日，上司の急用で取引先との面談の日程変更をしたときも，「誠に申し訳ございませんが，部長の○○に急な私用ができましたので，日程の変更をお願いできないでしょうか」と丁重な言い回しでお願いしました。

間違いの理由

丁重な言い回しはよいのですが，「私用」と言ってはいけません。取引先は，「ビジネスの約束より私用の方を優先するのか，我が社とのビジネスを軽く扱っているのか」などと憤慨するかもしれません。その一言が，上司の信用を傷つけることになるのです。

☆ 上司と関係者をうまく結ぶパイプ役

　秘書は，上司と上司の関係者との間に立つパイプ役です。よいパイプ役になるためには，次のようなことを心がけましょう。

◆好ましい人間関係をつくる

　人間関係がうまくいっていれば，多少無理な依頼事をしても何とか融通を利かせて協力してくれるようになります。仮にトラブルが発生しても，お互い円満に解決するように努力するものです。

◆情報はいち早く，正確に上司に伝達する

　関係者から得た情報は，上司に正確に伝えます。また，情報はできるだけ早く知らせます。せっかくの情報も遅れるとトラブルの原因にさえなってしまうことがあります。例えば，こちらに手違いがあることを秘書が上司に話す機会を逃したために，上司が先方にクレームの電話をかけた，などということがないようにしなければなりません。

◆上司に対する周囲の理解を深める

　周囲の人に上司の考え方や行動を理解してもらうためには，状況に応じて上司の真意を伝えることも大切なことです。

1 難易度 ★☆☆☆☆ 😣 できないと キビシ〜!! チェック欄

　部長秘書Aは上司の外出中に部員Kから,「1時間ほど前,Aが席を外しているとき電話に出たところ取引先のT氏から部長宛てで,折り返し電話をもらいたいとのことだった。戻る時間は伝えていない」と言われた。KはAに伝えるのを忘れていたという。上司はあと1時間ほどで戻る。このような場合,Aはどのように対処したらよいか。次の中から適当と思われるものを一つ選びなさい。

1) 上司はあと1時間ほどで戻るのだから,上司が戻ったらT氏に電話をしてもらう。
2) 外出中の上司に電話して事情を説明し,すぐT氏に電話してくれるようお願いする。
3) 上司が戻ったらT氏の電話のことを伝え,急ぎなら再度電話がかかってくるだろうと話す。
4) すぐT氏に電話して連絡が遅くなったことをわび,上司の戻りは1時間後になるがよいかと尋ねる。
5) KからT氏にすぐ電話してもらい,連絡が遅くなったことをわびて上司の帰社時間を伝えてもらう。

2 難易度 ★★☆☆☆ できないと アヤウイ! チェック欄

　秘書Aは上司の外出中に,他部署のY部長からの内線電話を受けた。上司がメールで送った文書に分からないところがあるという。その文書は上司が作成してY部長に送ったもので,Aは内容を知らない。このような場合Aは,上司は外出中と伝えた後どのようなことを言ったらよいか。次の中から適当と思われるものを一つ選びなさい。

1) 分かりにくい文書を送ってしまってすまない,上司が戻ったらそのことを伝える。
2) 自分が分かるかもしれないので,取り急ぎその文書をメールで送ってもらえないか。
3) 上司が戻ったら伝えるが,その文書について他に分かる人がいれば聞いてみるがどうか。
4) 上司が戻ったら伝える,今後は上司の文書は全て把握しておくようにする,すまなかった。
5) すまないがその文書の内容は分からないので,上司が戻ったら直接問い合わせてもらえないか。

3　難易度 ★★★☆☆　😃 できて ひとまずホッ!!　　チェック欄

　秘書Ａは常務室から戻った上司（部長）から，「考えなければならないことができた。しばらく私は席にいないことにしておいてもらいたい」と言われた。次はこのときＡが行ったことである。中から<u>不適当</u>と思われるものを一つ選びなさい。

1) 上司につないでもらいたいと内線電話をかけてきた常務に，つなぐ前に，用件は先ほどの続きかと尋ねた。
2) 上司の家族からの電話に，すぐには取り次がず，上司の都合を聞いてくるので待ってもらいたいと言った。
3) 上司宛ての紹介状を持って不意に訪れた客に，上司の在否は言わずに待ってもらい，上司の指示を仰いだ。
4) 上司に見てもらいたいと資料を持ってきた他部署の部長に，自分から上司に渡しておくと言って預かった。
5) 不意に来た取引先の部長に，上司は仕事が立て込んでいて会えない，課長が代わりに会うのはどうかと尋ねた。

4　難易度 ★★★★☆　😊 できたら拍手! 視界良好　　チェック欄

　秘書Ａが電話を取ると上司（部長）からで，「体調がよくないので今日は休む。よろしく頼む」ということである。次はこの日Ａが行ったことである。中から<u>不適当</u>と思われるものを一つ選びなさい。

1) 上司宛ての速達の郵便物は，明日でもよい内容かを確認し，念のため課長に見せた。
2) 「秘」文書を持ってきた他部署の秘書に，上司に渡すのは明日になるがよいかと確認した。
3) 今日出席予定だった社内会議の担当者に，上司は体調不良で休んでいるので出席できないと連絡した。
4) 今日予約のある客に電話をして，急な都合で予約を変更してもらいたいと言ってわび，都合のよい日時を二，三尋ねた。
5) 電話で面会の申し込みをしてきた取引先の人に，上司は出社していないので明日朝一番に返事をするがよいかと尋ねた。

1＝4) T氏は折り返しの電話を1時間前から待っているのである。上司が戻る
までは1時間もあるのだから，AがすぐT氏に電話してわび，そのことを伝え
なければいけないということである。

2＝3) 上司が作成して送った文書でAは内容を知らないのだから，戻ったら伝
えると言うのがよい。また，その文書について上司の部下などが知っている
場合もあるので，3) のように言うのが適当ということである。

3＝1) 常務室から戻ったばかりだから，常務に対して席にいないことにはでき
ない。であれば，常務には少しの間待ってもらい，上司に常務からの電話を
伝えて指示を仰ぐという対応になる。その際，用件などは必要ないので尋ね
たのは不適当である。

4＝5) 面会の申し込みを受けたら，上司の指示を得て返事をすることになる。
上司は今日体調不良で休んでいるのだから，明日の出社がどうなるか分から
ない。それを，明日朝一番に返事をするがよいかと尋ねるなどは不適当とい
うことである。

合否自己診断の目安

　正解率60％以上を合格の目安としてください。ここでは，4問出題したの
で，3問以上の正解でクリアです。

　ただし，「第1章　必要とされる資質」全体では，合計10問なので，6問
正解でクリアとなります。

2　秘書に必要な条件	4問中 ☐ 問正解 ●正解率＝ ☐ ％

- -

第1章　必要とされる資質 (計)	10問中 ☐ 問正解 ●正解率＝ ☐ ％

さて，これで第1章の「必要とされる資質」は終了です。
全部で10問ですが，6問以上正解できましたか？
ラクラクOK？
そう，その調子でどんどんクリアしていきましょう!!

第2章

職務知識

秘書の役割と機能

秘書の分類と組織の中の秘書

■これだけは押さえておきたい■
Key フレーズ 「一般に秘書とは，間接補佐型秘書をいう」

秘書のタイプは，「直接補佐型秘書」と「間接補佐型秘書」の2種類に大別できますが，秘書検定で対象としているのは間接補佐型秘書です。普通の秘書はこのタイプで，上司の雑務や身の回りの世話をして間接的に上司を補佐します。

☆ 所属による分類

　秘書がどこに所属しているかによって，以下の四つに分類することができます。

◆個人付き秘書

　特定の個人に付く秘書。秘書はどの部門にも所属せず，個人に専属します。特定の上司一人に付き，命令系統が一つなので仕事の範囲がはっきりします。欧米の企業に多く採用されています。

◆秘書課秘書

　トップマネジメント*に付く秘書。秘書課に所属し，秘書一人で複数の上司を補佐したり，チームで複数の上司を補佐したりします。秘書課に所属していても，実際には特定の上司に専属で付くケースがほとんどです。直属の上司は秘書課長になります。

◆兼務秘書

　ミドルマネジメント*に付く秘書。上司が統括する部門に所属し，部門内の業務をしながら，上司の補佐も兼務するというものです。

◆チームつき秘書

　プロジェクトチームや研究部門などのチームに付く秘書。チームの運営を円滑にするために，チーム全体を補佐します。

用語 Check

【トップマネジメント】　企業の経営者層のことで，社長，副社長，専務，常務などを指す。

【ミドルマネジメント】　部長，課長，支店長，工場長など中間管理職を指す。ちなみに，係長，主任などの管理職は，ロアマネジメント（現場管理職）という。

☆ スタッフとしての秘書

　組織には，一般にラインとスタッフという機能が存在します。組織で働く秘書は，その関係性をきちんと把握しておく必要があります。

◆ラインとスタッフの関係

　ラインとは，業績に直接的に結び付く企業の本来的な活動をする人や部門のことで，仕入れ・製造・販売などを指します。

　一方スタッフとは，ラインを支援し補佐する活動をする人や部門のことで，調査研究，総務，人事，秘書などがそれに相当します。

◆秘書は，上司を補佐するスタッフ

　上司は，経営管理を行うことで直接的に企業の業績に結び付き，「企業の期待に応える」立場にあります。秘書はそうした経営者層の雑務を引き受けて補佐する立場にあるのでスタッフの一員ということになります。

ラインとスタッフ

販売部門 ← 支援 販売促進部門

ライン　スタッフ

販売促進部は，販売部が成績を上げるために支援活動をするスタッフ部門です。

◆上司あっての秘書

　ラインは，企業の本来的な活動をするので，その機能が失われれば組織は成り立ちません。一方スタッフは，支援し補佐する部門がなければ存在理由がありません。「上司なくして，秘書なし」という言葉があるように，スタッフである秘書は，上司があってこそ存在するのです。

☆ 補佐機能の違いによる分類

　上司に対する補佐の仕方で大きく二つに分類されます。

◆直接補佐型秘書

　上司のブレーンとして，アドバイスをしたり意見を述べたりします。また，上司に代わって面談するなど，一定の範囲内で上司の業務を代行します。「参謀型秘書」ともいわれ，上司に影響力を持ちます。

◆間接補佐型秘書

　上司の雑務や身の回りの世話などをして，間接的に補佐します。通常，企業で「秘書」という場合には，このタイプの秘書を指します。

2 上司の機能と秘書の機能

Key フレーズ 「秘書の機能は上司の補佐」

> 秘書は上司の雑務や身の回りの世話を引き受けて補佐する機能を持ち，それに基づいて日程管理や来客接遇などの役割を果たします。

☆ 上司と秘書の機能と役割の違い

　上司と秘書は，それぞれ異なる機能を持っていて，その機能に基づいた役割を担っています。そして，それぞれの役割に従って個々の仕事を遂行していくことになります。

◆上司の機能と役割

　企業は，社会に物を生産したりサービスを提供することによって，利潤を追求していくという目的を持っています。上司は，この目的を実現するために，さまざまな意思決定をするなど，適切な経営管理をしていくことが求められます。

　そしてこの機能を持つ上司の役割は，経営計画を策定するなどして部下を指揮し，企業の期待に応えていくことです。上司の成果は直接企業の業績に結び付くことになります。

◆秘書の機能と役割

　企業に要求された本来の機能・役割を遂行する上司にも雑務があります。上司がこれらの雑務に関わっていると，本来の役割を果たせなくなります。そこで，それらの雑務や身の回りの世話を引き受けて上司を補佐する機能を担う秘書が求められるようになったのです。

　この機能を持つ秘書は，上司の日程管理や来客接遇などの役割を果たして上司の期待に応えていきます。そして，秘書の成果は，直接上司の成果に結び付くことになります。

))))))))) **これは 間違い！**)))))))))

> 上司が外出中に，総務部長から「3時から臨時部長会議を開くことになったので参加してもらいたい」と連絡を受けました。そこで，上司と連絡を取る前に総務部長に，臨時部長会議が急に決まった理由と会議の議題を尋ねました。

間違いの理由

上司には臨時部長会議が開催されることだけを伝えればよいことです。開催される理由，議題を尋ねることは，秘書業務には必要のないことです。

上司と秘書の違い

上司
（部長）

秘書

	機能	
経営陣の補佐 事業方針に基づき，経営陣を側面から支える。		**上司の補佐** 上司の雑務を代行し，上司が本来の仕事に専念できるような環境づくりをする。
事業目標の達成を図る 利益追求のために，戦略を練り，部の課長に命じて事業目標の達成を図ること。	役割	**上司の期待に応える** 日程管理，来客接遇，電話応対，出張に関する事務などの各種業務を行う。
個々の仕事を遂行する 決裁業務や会議への出席，来客との面談，部下への指示・判断などの仕事をする。	仕事	**個々の仕事を遂行する** 日程管理では，予定表の作成や日程変更の調整など，細かい仕事を遂行する。

機能，役割，仕事は，抽象的なことから具体的なことへとなっていく関係にあります。つまり，機能は上司の補佐→その役割の一つが日程管理→その中には予定表の作成・日程変更の調整など日々の仕事があるというわけです。

☆ 上司と秘書の機能上の関係

　上司が本来の仕事を効率よく行うために補佐するのが秘書の機能です。従って，秘書は上司の本来の業務を代行することはありません。つまり，秘書が上司に代わって決裁業務をしたり，取引先と面談したり，会議に出席するなどということはありません。また，秘書が秘書課に所属する場合，直属の上司は秘書課長になりますが，まずは秘書として付く上司の命令に従うことになります。

3 秘書の職務における心構え

Key フレーズ 「秘書は上司の本来の仕事の代行はできない」

秘書は上司を補佐する機能を持っていますが，取引先と面談をしたり会議に出席するなど上司本来の仕事を代行することはありません。

☆ 職務における基本姿勢

　　秘書はスタッフとして上司を補佐しますが，その業務はあくまでも職務範囲内に限られます。例えば上司が急病になり，本来の業務を果たせなくなったとしても，秘書が上司の代理を務めることはできません。上司の雑務を補佐するスタッフとしての立場を心得て最善を尽くすようにします。次のようなことに留意しましょう。

◆越権行為*をしてはいけない

　　次のようなことは越権行為です。

急ぎでも勝手に印鑑を押してはいかん!!

- ●上司の代理として会議や行事に出席する。
- ●秘書の名前で取引先への贈答をする。
- ●無断で上司の日程を決めたり変更したりする。
- ●上司の承諾なく面会予約をする。
- ●上司の部下に指示をする。
- ●決裁書，稟議書などに押印する。

◆定型業務以外は，上司の指示や許可を受ける

　　前もって上司と相談して仕事の進め方が決まっている定型業務は，上司の指示を待たずに進めますが，それ以外の仕事は秘書が勝手な判断で進めてはいけません。必ず上司の承認を得てから行うようにします。

◆上司不在時，連絡が取れない場合の対応を心得ておく

　　出張や外出などで上司が不在のとき，上司の判断が必要な場合は，上司の代理（通常，上司のすぐ下の役職者）の人か秘書課長に相談して，指示を受けます。

用語 Check 【越権行為】 許されている権限を越えた事を行うこと。

◆主観的な解釈や感情に左右されない

雑務だからと仕事を軽んじたり，不得手な仕事を後回しにしたり，また，自分勝手な解釈に基づいて行動したりしてはいけません。

◆上司への進言

秘書は立場上，求められない限り上司に対して忠告や進言をすることはありません。次のポイントを心得ておきましょう。

- ●健康・食事・服装については失礼にならない範囲で進言してもよい。
- ●上司のミスに気付き，それが上司や仕事に悪影響を与えそうなときは，言い回しに注意して進言する。
- ●上司から人物の評価を求められたら，よい面を中心に話すように心がける。

◆機密を守り，上司の仕事に立ち入らない

上司と秘書の間に信頼と尊敬がなければ，スムーズに仕事を進めることはできません。秘書は信頼を得るため以下のことに留意します。

- ●上司の私事に深く立ち入らない。
- ●上司の仕事に必要以上の口出しをしない。
- ●職務上知った秘密を守る。
- ●上司の私的なことを他言しない。

上司が黙って部屋を出るときにも，行き先を尋ねたりしません。

◆上司の基本的な人物像を把握しておく

秘書は，以下の範囲で上司について知っておく必要があります。

- ●仕事関係：主な仕事内容や職務権限，所属団体，人脈。
- ●生活環境：住所，利用駅，家族構成。
- ●人物特性：性格，趣味，好きなスポーツ，信条，好み，健康状態。

■これは間違い！■

上司が入院して関係者以外には口外しないようにと指示されました。そんなとき上司の友人と名乗る来客がありました。上司の友人ということなので，他には言わないように頼んで入院先を教えました。

間違いの理由

上司の友人であっても，「入院のことは関係者以外口外してはいけない」と指示されているのですから話してはいけません。また，来訪者が本当に上司の友人なのかは上司でないと分からないので注意します。

1 難易度 ★☆☆☆☆ 😣 できないと キビシ〜!!　　　チェック欄 □

　秘書Aの後輩Dが上司から，今日中にと指示されていた仕事が間に合わなくて注意された。Dは，間に合わなかったのは他にも上司に頼まれた急ぎの仕事があったからだと不満の様子である。このような場合，AはDにどのようなことを言えばよいか。次の中から<u>不適当</u>と思われるものを一つ選びなさい。

1) 今日中にと指示されたとき，今行っている急ぎの仕事を一時中断してよいかと尋ねればよかった。
2) 今日中にできそうもないと分かったとき，すぐにどのようにしたらよいかと指示を仰げばよかった。
3) 今日中にと指示されたのだからすぐその仕事に取りかかり，そのとき行っていた急ぎの仕事は中断すればよかった。
4) 今日中に終わらせるために，先に指示された急ぎの仕事があるので残業して仕上げてもよいかと確認すればよかった。
5) 今日中にと指示されたとき先に頼まれた仕事のことを話して，誰かに手伝ってもらってよいか確認しておけば私が手伝うこともできた。

2 難易度 ★★☆☆☆ 😐 できないと アヤウイ!　　　チェック欄 □

　秘書Aの上司のところに不意の来客があった。上司と先日会った際，今日あたりなら会えると聞いたと言う。そこでAが上司に来客のことを伝えたところ，「いると言ったのか」と迷惑そうである。このような場合，Aは上司にどのように対応すればよいか。次の中から適当と思われるものを一つ選びなさい。

1) 相手は会えると思って来ているので，会った方がよいのではないかと言う。
2) 今日あたりなら会えると確かに言ったのか，来客に聞いてみようかと尋ねる。
3) いると言ってしまったので，今日のところは何とか会ってもらえないかと言う。
4) 来客には，すまないが急用ができてしまったと言って私から断ろうかと尋ねる。
5) 迷惑なら断るが，いると言ってしまったので断る理由を指示してもらいたいと言う。

3　難易度 ★★☆☆☆　 できないと アヤウイ!　　チェック欄

　秘書Aの上司（常務）は出張中で，出社は三日後の予定である。そこへ上司が理事をしている業界団体から，理事長（田中氏）が入院したという連絡が入った。田中氏と上司は古くからの友人である。次はこのときAが順に行ったことである。中から不適当と思われるものを一つ選びなさい。

1) 業界団体の事務局に，田中氏の容体や入院先などが分かったら教えてもらいたいと頼んだ。
2) 業界団体の事務局に，上司は出張していることを伝え，理事一同としての見舞いの予定などを確認した。
3) 出張先の上司に電話で，田中氏の入院のことを伝え，詳しいことは分かり次第改めて連絡すると言った。
4) 総務部長に田中氏の入院のことを伝え，会社としての対応はどのようになるかを尋ねた。
5) 上司の出社は三日後の予定なので，取りあえず，上司の個人名で見舞いの品を入院先に届けてもらうよう手配した。

4　難易度 ★★☆☆☆　 できないと アヤウイ!　　チェック欄

　秘書Aの上司は出張中で今週は戻らない。そこへ上司が所属する業界団体から会議の案内状が届いた。出欠の連絡は事務局宛てに今週末までとなっている。その会議に上司はいつも出席していて，その日時には他の予定は入っていない。このようなことにAはどう対処したらよいか。次の中から不適当と思われるものを一つ選びなさい。

1) 出張先の上司に連絡を取って確認をしてから，事務局へ出欠を連絡する。
2) 事務局には「出席」と連絡し，出張先の上司には出席と返事をしたがよいかとメールしておく。
3) 事務局に，上司は出張中で今週は戻らないので，出欠の連絡は来週にさせてもらえないかと頼む。
4) 事務局に，一応「出席」にしておいてもらいたいと頼み，上司が戻ったら改めて連絡させてもらうと言う。
5) いつも出席している会議なのだから事務局に「出席」と連絡しておき，上司が戻ったらそのことを報告する。

第2章 職務知識

秘書Aの上司（営業部長）は，すぐ戻ると言って近くに外出している。そこへ本部長から，「P社との取引について部長に確認したいことがあるので，見積書を持ってすぐ来てもらいたい」と連絡があった。見積書の保管場所はAも知っている。次はこのときAが本部長へ順に対応したことである。中から<u>不適当</u>と思われるものを一つ選びなさい。

1）上司はすぐ戻ると言って近くに外出していると伝えた。
2）確認するのはどのようなところか，代わりに話を聞いて上司に伝えようかと尋ねた。
3）上司が戻ってからでよいということだったが，見積書を先に持っていこうかと尋ねた。
4）先に持ってきてもらいたいと言われたので，すぐに届けた。
5）そのとき本部長秘書に，今日の本部長のスケジュールを聞いておいた。

次は秘書Aが，先輩から秘書の仕事について教えられたことである。中から<u>不適当</u>と思われるものを一つ選びなさい。

1）秘書の仕事は上司の仕事の手助けだから，そのために必要なことは勉強しておくこと。
2）仕事は秘書の役割を意識して上司の指示で行うが，日常的なことは自分の判断で行うこと。
3）上司不在中に不意に来た初めての客には，名刺を預かって用件と次の来訪予定を尋ねておくこと。
4）上司から私的な用事を頼まれたときは，すぐにできる簡単なことなら，今している仕事を中断して済ませてしまうこと。
5）上司の体調がよくないときはスケジュールを調整することもあるので，何か気付いたことがあれば課長に話しておくこと。

1＝3）急ぎの仕事をしているときに，今日中にという別の仕事を指示されたのである。どちらも期限は守るべきものだから，方法を考え上司に確認しないといけない。それを，行っていた急ぎの仕事を中断すればよかったと言うなどは不適当ということである。

2＝4）「いると言ったのか」と迷惑そうなのだから，上司は会いたくないのであろう。このような場合は断ることになるが，会えると聞いて来た客には「急用ができた」などと言うのが適当ということである。

3＝5）田中氏は業界団体の理事長であるから，上司の友人ではあっても，公的な対応は必要。従って，Ａはまず業界団体の対応，会社の対応を上司に知らせることになる。個人的な見舞いをＡが勝手に手配するのは行き過ぎなので不適当ということである。

4＝5）いつも出席していて他の予定が入っていないなら出席の可能性が高いので，出席と連絡しておくのはよいであろう。が，最終的には上司の判断だから，できるだけ早く確認するのがよい。戻ったら報告するのでは遅いということである。

5＝2）本部長はＰ社との取引について部長に確認したいのである。このようなことは，秘書が代わりに話を聞いて上司に伝えれば済むことではないので不適当である。

6＝3）不意に来た初めての客なら，名刺を預かって用件を尋ねるよう指導するのはよい。が，会うかどうかは上司の判断による。次の来訪予定を尋ねておくのは，相手に会えると期待させてしまうので不適当ということである。

合否自己診断の目安

　正解率60％以上を合格の目安としてください。ここでは，6問出題したので，4問以上の正解でクリアです。

1　秘書の役割と機能	6問中	問正解	●正解率＝	％

さて，この「秘書の役割と機能」で4問以上正解できましたか？
★／★★レベルは確実にクリアしておかないと厳しいですよ。

■これだけは押さえておきたい■
Key フレーズ 「定型業務は，秘書の判断で進める」

定型業務は，前もってどのようにするかを上司と相談して決めておくので，その方針に沿って，秘書の判断で進めて構いません。しかし，判断がつかない場合は上司に相談します。

☆ 秘書の担当業務

日常的に行う定型業務について，2級ではより実践的なことが問われるようになります。

◆日程管理
- ●面会予約の取り次ぎ。
- ●予定表の作成・記入。
- ●予定の変更に伴う調整や上司，関係先への連絡。
- ●上司の予定確認。

◆来客接遇
- ●来客の受付と案内。
- ●来客接待（茶菓のサービス）。
- ●上司不在中の応対。
- ●見送り。

◆電話応対
- ●上司にかかってくる電話の応対。
- ●上司がかける電話の取り次ぎ。
- ●上司不在中の電話応対と報告。
- ●問い合わせへの応対。

◆環境整備
- ●上司の執務室や応接室の清掃・整理整頓。
- ●照明，換気，温度調節，騒音防止への配慮。
- ●備品・事務用品の整備・補充。

◆出張事務
- ●宿泊先の手配。
- ●交通機関の手配。
- ●旅程表の作成。
- ●関係先との連絡・調整。
- ●旅費関係の経理事務。

◆文書事務
- ●文書の作成，文書の清書。
- ●社内・社外文書の受発信事務。
- ●文書や資料の整理と保管。

◆会議・会合
- ●案内状の作成・通知。
- ●資料の作成・配布。
- ●会場設営と受付。
- ●茶菓・食事の手配と接待。
- ●議事録の作成。

◆交際
- ●冠婚葬祭に関する庶務。
- ●中元・歳暮など贈答品の手配。

◆経理事務
- ●経費の出金事務，精算事務。
- ●諸会費の納入事務（私的なものを含む）。

◆情報管理
- ●社内外からの情報収集と報告。
- ●機密の保持。
- ●マスコミ関係者との折衝・対応。

◆上司の身の回りの世話
- ●車の手配。
- ●お茶や食事のサービス。
- ●健康状態への配慮。
- ●嗜好品，常備品の管理。
- ●私的な出納事務。

2 非定型業務

Key フレーズ 「非定型業務は，上司に相談して指示を得る」

毎日の決まった仕事を行う定型業務に対して，突然の来客や緊急の仕事，予期せぬ事態に対応するのが非定型業務です。このようなときは，必ず上司の指示や判断を仰いで，冷静に対処しなければなりません。

☆ 非定型業務に対する秘書の対応

　突発的な非常事態は頻繁に起こるものではありませんが，上司の不意の出張や予定外の来客などは珍しいことではありません。こうした非定型業務にどの程度適切に対処・処理していけるか，秘書の力量を問われるところでもあり，腕の見せどころでもあります。

◆予定外の来客	●上司に面会するかどうかの判断を仰ぐ。 ●客に緊急度を確認する。 ●予定外の客でも感じのよい対応をする。

急に出張が決まりまして申し訳ございませんがスケジュールの変更を……

◆急な出張や残業	●スケジュール調整。 ●連絡先の確認。 ●緊急度に応じた適切な対応。

◆上司の急病	●主治医への連絡。 ●自宅，会社への連絡。 ●状況に応じて応急手当て。 ●スケジュール調整。

○○部長が気分が悪くなられて○○病院の方へ……

◆上司の
交通事故

●自宅，会社の担当部署への連絡。
●軽い事故の場合は運転手に一任。
●大きな事故の場合は会社の顧問弁護士に相談。

◆災害

●来客優先の避難誘導。
●人命救助の優先。
●重要品の持ち出し。

◆盗難

●上司，総務部への連絡。
●被害の確認。
●警察への通報。

◆不法
侵入者

●強引なセールスへの対処。
●不意な陳情者への対処。
●脅迫・暴力行為への対処。
●状況に応じて警備室や警察へ連絡。

◆その他
予定外の
仕事

●上司が指示する予定外の仕事への対応。
●マスコミの取材依頼への対応。
●交通事情で上司の到着が遅れた場合の対処。

これは 間違い！

えーと，えーとどうしよう……こんな場合はどうしたらいいの？

間違いの理由

非常時は，まず冷静になって何が起きたかを把握し，緊急時の担当者がいる場合は速やかに連絡を取ります。
非常時の対応マニュアルが用意されている場合は，事前によく読んで対応をマスターしておくことが大切です。不明な点は事前に上司に確認しておき，それぞれの事態に応じて素早く行動できるようにしておきましょう。

○○部長の車が交通渋滞に巻き込まれまして，15分ほど到着が遅れそうなのですが……

第2章　職務知識

Lesson

3 効率的な仕事の進め方

■これだけは押さえておきたい■
Key フレーズ 「緊急度が高い仕事を最優先に進める」

複数の仕事をする場合は，優先順位を考えて取りかかることが大切です。その鍵となるのが時間の制約です。緊急度が高く，期限が迫っている仕事を最優先しなければなりません。

☆ 合理的に仕事の順序を考える

いつも同じように仕事があるわけではありません。多忙な時期があるかと思えば，暇な時期もあります。問題なのは，仕事が集中して重なったときの対処法です。仕事を効率よく処理するためのポイントを押さえておきましょう。

◆優先順位を決める

まず，仕事の優先順位を決めて取りかかるようにします。優先順位は，緊急度，重要度を総合的に考えた上で判断しますが，自分では判断しかねる場合は，必ず上司に確認して進めるようにします。

◆仕事の処理能力を把握する

仕事には期限がつきものですが，逆に「いつまでできるか」と上司から終了時間を聞かれる場合もあります。日ごろから作業時間の見当がつくように自分の仕事の処理能力を把握しておくことが大切です。

Let's Study！
よく出る問題

■適当＝○か不適当＝×か考えてみよう。

□ 今日中に仕上げるようにと指示された急ぎの仕事の途中で，上司に取引先との面会の予約をするようにと突然指示されたので，どちらを優先するか指示を仰いだ。

解説：面会の予約に必要な時間は短くて済む。今日中に仕上げる仕事に影響を与えるほどではないはずである。上司に聞くまでもなく，すぐ予約の電話を入れなければならない。予約する相手の日程も，先着順に決まっていくので，予約はできるだけ早くするように心掛ける。

解答＝×

これは 間違い！

上司（販売部長）が出張中，総務部長秘書Bが「資料をパソコンで清書しているが間に合わないので少し手伝ってほしい」と頼みに来ました。「手伝ったことを，後でBから販売部長に報告してもらいたい」と言って手伝いました。

間違いの理由

上司不在のときのこの程度の仕事は，臨機応変な判断で手が空いていれば手伝えばよいことです。また，後で上司に報告してもらうようなことではありません。

● 44 ●

☆ 仕事を標準化する

　仕事を標準化*しておくと，作業漏れをなくすだけでなく効率よく処理することができます。標準化の例としては次のものがあります。

◆繰り返し使う文書はフォーム化する

　コンピューターを使って文書作成する場合などは，基本となる型を作成しておき，必要なときに呼び出して部分的に手を加えて完成させると効率化が図れます。

◆退社前の仕事の標準化を図る

　毎日退社前に行う点検内容を次のようなチェックリストにまとめておくと，ケアレスミスを防ぐことができます。

①予定表に目を通し，翌日の仕事の手順を決める。
②机上の整理と部屋の後片付けをする。
③上司の忘れ物をチェックする。
④キャビネットやロッカー，金庫の鍵をかける。
⑤ＯＡ機器などのスイッチを切る。
⑥帰りに投函する郵便物を用意する。
⑦火の点検をして戸締まりをする。

◆出張のときの仕事の標準化を図る

　上司が出張する際には宿泊先の手配，切符の手配，仮払いと精算など，こまごまとした仕事が発生します。それらの仕事を事前にリストアップしておけば，出張時の準備もスムーズに行えるようになります。

☆ 空いた時間を有効利用する

　手隙の時間ができたら，日ごろなかなか手がけられない仕事を処理するようにします。

●名刺や人名カード類の整理。
●電話番号簿・住所録・名簿などの整理。
●資料の作成や整理。
●新聞・雑誌の切り抜きとスクラップ。

空いた時間をうまく活用することで，後の仕事の効率化を図ることができます。

【標準化】　ここでは，仕事の手順や方法を一定の方式や形式に定めること。文書をフォーム化したり，仕事の手順をマニュアル化したりすることも仕事を標準化する一例である。

1 難易度 ★☆☆☆☆ できないと キビシ～!! | チェック欄

　秘書Aは上司から，「銀行で私の用事を済ませた後，この書類をQ社へ届けてもらいたい。3時ごろ届けると言ってある」と言われた。ところが銀行の用事に時間がかかり，3時にはQ社に行けそうもない。このような場合Aはどのように対処すればよいか。次の中から適当と思われるものを一つ選びなさい。

1) とにかく急いでQ社に行き，着いてから遅れた理由を話してわび，了承してもらう。
2) Q社に，「上司の銀行の用事で時間がかかり少し遅くなる」と電話をしてから向かう。
3) 上司に，「銀行で時間がかかり3時には行けないので，Q社に連絡しておいてもらいたい」と頼む。
4) Q社に，「出先の都合で3時には行けそうもない」と電話でわび，了承を得てできるだけ急いで向かう。
5) 遅れる理由はQ社には関係のないことなので，急いで行って理由は言わずに遅れたことをわびて書類を渡す。

2 難易度 ★★★☆☆ できて ひとまずホッ!! | チェック欄

　秘書Aが異動することになり，今の上司（部長）には後輩のEが付くことになった。次はAがEに，業務の引き継ぎの他に上司について教えたことである。中から不適当と思われるものを一つ選びなさい。

1) 出身地と最終学歴。
2) 上司の行きつけの店。
3) 目標にしている役職。
4) 時々来訪する友人の名前。
5) 個人的に所属している団体。

3　難易度 ★★★☆☆　 できて ひとまずホッ!!　　チェック欄 □

　次は部長秘書Aが，上司の忙しさを軽減するために心がけていることである。中から<u>不適当</u>と思われるものを一つ選びなさい。

1）すぐでなくても影響がない報告は，上司の手が空いているときにまとめてするようにしている。
2）上司が忙しくしているときに回覧文書が来たら，上司用にコピーを取り，次に回すようにしている。
3）取引先からの面談申し込みは，上司に取り次ぐ前に担当者でも差し支えないか相手に尋ねるようにしている。
4）上司宛ての郵便物を上司に渡すとき，Aに処理できそうなものがあればそのことを申し出るようにしている。
5）代理出席でも構わない懇親会やパーティーなどの案内が届いたときは，代理を立てようかと提案するようにしている。

4　難易度 ★★★★☆　できたら拍手! 視界良好　　チェック欄 □

　宣伝部長秘書Aは，何事も小まめに上司に報告している。ところがある日，報告したことに対して上司からそのようなことまで報告しなくてよいと言われた。次はその後上司に報告しなかったことである。中から<u>不適当</u>（報告した方がよかった）と思われるものを一つ選びなさい。

1）総務課から，来月の第1日曜日に上司室の床清掃のため業者が入ると連絡があったこと。
2）上司が外出中に訪ねてきた飛び込み営業の人に，上司は外出していると言って断ったこと。
3）上司が外出中に，他部署の部長が立ち寄って「部長は留守か，ならいい」と言って帰っていったこと。
4）上司宛てのDMは上司に関心がなさそうなものはそのまま破棄しているので，今日破棄した郵便物のこと。
5）上司のところに来た客が帰るのを見送るとき，「課長さんにもよろしくお伝えください」と言い付かったこと。

1＝4）遅れることが分かったら，その時点ですぐに相手に知らせるのがマナーである。その際，遅れる理由は相手には関係ないことだから「都合で」など一般的なことを言えばよい。従って，4）が適当ということである。

2＝3）業務の引き継ぎ以外となると，Ｅが上司をサポートするのに知っておいた方がよいことになる。目標にしている役職は，上司のサポートに関係ないので不適当ということである。

3＝3）上司の忙しさを軽減するには，上司が本来の仕事に専念できるよう雑務の時間を減らすことである。取引先との面談は上司にとって本来の仕事。場合により担当者に代わることもあろうが，それを判断するのは上司。取り次ぐ前に相手に尋ねるなどは不適当である。

4＝3）他部署の部長は用がなければわざわざ立ち寄ることはないだろう。留守ならいいは，後にするということかもしれないのだから，報告しなかったのは不適当ということである。

▶▶▶▶▶▶▶▶▶ 合否自己診断の目安 ◀◀◀◀◀◀◀◀◀

　正解率60％以上を合格の目安としてください。ここでは，4問出題したので，3問以上の正解でクリアです。

　ただし，「第2章　職務知識」全体では，合計10問なので，6問正解でクリアとなります。

2　秘書の職務	4問中 □ 問正解	●正解率＝ □ ％

第1章　必要とされる資質（計）	10問中 □ 問正解	●正解率＝ □ ％
第2章　職務知識　　　　（計）	10問中 □ 問正解	●正解率＝ □ ％
第1章　第2章（計）	20問中 □ 問正解	●正解率＝ □ ％

さて，第2章の問題10問のうち，6問以上正解しましたか？　また，第1章と第2章の合計20問で60％の12問の壁を突破できましたか？　厳しい人は，理論領域の最後の第3章「一般知識」で頑張りましょう!!

第3章

一般知識

SECTION 1 企業と経営

Lesson 1 資本と経営

これだけは押さえておきたい
Key フレーズ 「株主が出資し，経営は経営者に委託する」

現在の中堅・大手企業の大半は株式会社です。株主が資本を提供し，企業の経営は経営者に委託します。これを資本と経営の分離といいます。従って，経営者は株主に対して経営責任を負うことになります。

☆ 資本と経営の分離

以前は，大株主が経営者であることが多かったのですが，現在では少なくなっています。企業が規模を拡大してさまざまな事業を展開するようになると経営も複雑化してきます。そうなると経営の専門家が求められるようになり，次第に資本と経営が分離してきたのです。

経営と資本が分離した段階で，株主は会社の最高意思決定機関である株主総会で経営者を選出し，企業の経営を委託することになります。

株主と経営者

☆ 経営者の責任と職能

経営者は株主に対する責任や社会的責任を果たすほか，利害調整や組織管理などの職能があります。

◆経営者の責任

経営を委託された経営者は，株主に対して責任を負いますが，社会的存在である企業は，社会的責任も負っています。経営者が果たすべき責任としては次のようなものがあります。

- ●株主に対しては，適切な利益配当を実現する責任。
- ●従業員に対しては，生活の安定を保障する責任。
- ●消費者に対しては，適正価格でよい製品やサービスを提供する責任。
- ●社会に対しては，企業活動において社会に被害や損害を与えない責任。

◆経営者の職能

　利益を確保し，会社を維持・発展させることが経営の目的です。それを実現するため，経営者は次の職能を心得ておく必要があります。

●利害調整職能

　　企業は，株主，従業員，取引先，消費者，地域社会との利害関係を適切に調整して運営していくことが求められる。

●革新職能

　　時代のニーズの変化に適応できるように，人材，組織，技術，設備など，あらゆる面を見直して，絶えず企業を革新していく経営が求められる。

●管理職能

　　できるだけ損失を少なくし，常に最大の利益を追求していくためには，経営者は組織の隅々まで目を配り，人材や設備，資金を効率的に管理運営していくことが求められる。

☆ 日本的経営と欧米的経営の違い

　早くから資本主義を取り入れ発展してきた欧米の経営と，日本的風土に根ざして発達してきた日本の経営とでは以下のような違いがあります。

◆日本的経営

　これまで日本の企業の経営には次のような特徴がありました。

- ●年功序列：賃金・職位を年齢，勤続年数，学歴などで決める。
- ●終身雇用：企業が定年まで雇用する。
- ●企業別労働組合：労働組合は企業ごとに結成されている。
- ●生活共同体：社宅などの福利厚生施設を提供し，共同意識を持たせる。
- ●稟議制度：下位の者が提案し，上位の者が決裁する。

　現在，このような日本的な経営体質は大きく変化しています。

◆欧米的経営

　欧米には，年功序列や終身雇用などの制度はなく，実力主義が基本です。労働者も賃金の高い企業へと移動します。生活共同体意識はなく，企業は利益で結び付いた利益共同体として捉えられています。また，下から上へ提案する稟議制度もなく，基本的には全て上層部が決定し，部下に指示するトップダウン方式が主流です。労働組合も，企業の枠を越えた産業別組合となっています。

2 企業の組織形態

Key フレーズ 「職能別に部門が構成される」

効率的に仕事を遂行するために，営業部，総務部など，専門的な職能別に組織されたものを職能組織といいます。また，商品別・地域別・市場別に組織された単位組織を事業部組織といいます。

☆ 組織形態の種類

企業の組織形態は，次のように大別されます。

◆職能組織

総務部・経理部・営業部など職能別に部門を設け，トップマネジメントの指揮により活動する組織です。営業部など直接収益と結び付く企業本来の部門をライン部門，ライン部門を支援する総務部などをスタッフ部門といいます。

◆事業部組織

製品別・地域別・市場別に事業部を設ける組織形態のことです。例えば，製品別ではビデオ事業部，地域別では海外事業部，市場別では家電事業部などになります。事業部組織は，本社から権限を委譲されており，利益目標をいかに達成するかは独自の判断で行います。組織内にライン部門とスタッフ部門を持っているので，小規模の会社ということもできます。

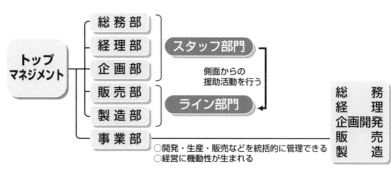

組織形態の例

☆ プロジェクトチームとタスクフォース

　企業では問題の解決や新製品の開発などの際，社内から部署を越えて専門家を集め，チームを組むという柔軟な組織もつくられます。その組織を「プロジェクトチーム」「タスクフォース」などと呼びます。両者とも主に新規企画や事業開発の際，アイデアを出し合って企画開発を行ったり，問題解決を図るためのチームで，各部署から適した人材が集められます。チームは課題や問題が発生したときに結成され，目的が達成された時点で解散される一時的な組織です。両者とも同義ですが，比較的長期にわたる大きなテーマを扱うときはプロジェクトチーム，緊急性が高いときはタスクフォースと区別されたりもします。

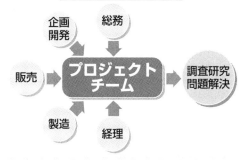

メンバーの選抜

企画開発　総務　販売　プロジェクトチーム　調査研究 問題解決　製造　経理

Let's Study!
よく出る問題

■適当＝○か不適当＝×
か考えてみよう。
□①代表取締役とは，社
　長のことである。
□②次長は係長の監督業
　務を補佐する職位で
　ある。
解説：①代表取締役と
　は，代表権のある取締
　役のことで，通常は社
　長が代表取締役であ
　る。しかし，代表権は
　1人でなくてもよいの
　で，大きな会社では，
　代表取締役会長，代表
　取締役副社長など，代
　表権を持つ会長や副社
　長がいる。
解答＝×
②次長とは一般的に部長
　の下の役職で部長を補
　佐するのが職務であ
　る。このほか，部長を
　補佐する役職として，
　部長代理，部長補佐な
　どがある。
解答＝×

第3章 一般知識

これは 間違い！

会社の職能別組織では，営業に関する仕事は営業部，会計に関する仕事は経理部，採用や人事に関する仕事を受け持つのは人事部というように決まっていると思います。

間違いの理由

職能別組織の区分の仕方は，その企業によって異なり，部門の名称もまちまちです。人事の仕事を総務部内の人事課に置く場合もあれば，人事部内に人事課，採用課，教育課などを設けている場合もあります。営業の仕事でも，営業部，販売部，外商部など企業によって異なります。

階層別管理とは，経営の最高管理機能を持つトップマネジメント，中間管理職のミドルマネジメント，現場管理職のロアマネジメントの三つの管理層をいいます。

☆ PDCAサイクルは経営管理の基本

　経営管理の基本手法にPDCAサイクル（マネジメント・サイクル）があります。この手法では，まずPlan＝計画を立て，次にDo＝実施し，Check＝評価し，最後にAction＝改善するという手順を踏みます。改善した結果は次の計画に反映させ，その計画に基づいて実施，評価しまた改善とサイクルを回していきます。

　企業の経営管理は，基本的にこのPDCAサイクルを繰り返すことによって問題点を改善し，さらにより高い目標を設定することで生産性や仕事の効率を高めていきます。

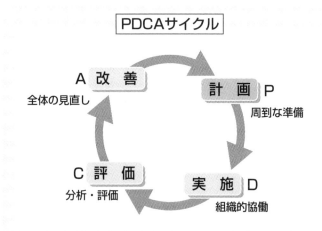

PDCAサイクル

A 改　善
全体の見直し

計　画 P
周到な準備

C 評　価
分析・評価

実　施 D
組織的協働

よりよい経営管理をするためには，このPDCAサイクルを回していくことが大切なのです。

☆ 階層別管理

　企業規模が拡大するに従って経営管理は難しくなってきます。そこで企業では，大きく三つの管理階層を設けて管理の分業を図ります。前述の職能組織(Lesson2参照)がベースとなって経営管理が遂行されることになりますが，3段階の階層は以下のようになっています。

● トップマネジメント
　　会社経営の基本方針の策定など，重要な意思決定をする会社の最高経営者層で，一般的には取締役以上を指す。
● ミドルマネジメント
　　トップマネジメントの方針，計画に従って，ロアマネジメントを指導して担当業務を遂行する中間管理職。通常，部長，課長を指す。
● ロアマネジメント
　　ミドルマネジメントの指示で営業や生産などの管理を行う現場管理職。係長，主任などを指す。

☆ 経営管理の基本用語 ＊理解したらチェックしよう

□ 経営戦略………会社の成長を目指した中・長期的な経営計画の体系。

□ 経営の差別化…独自の製品を開発したり，システムを構築して，他社との違いを明確化し，自社の競争優位を確立すること。

□ 経営の多角化…企業が，事業のリスク分散・副産物利用・市場の支配力強化などの目的のため，数種類の事業を同時に経営すること。

□ 経営の国際化…幾つかの国で経営活動を展開すること。こうした企業を多国籍企業という。国際化の利点は，海外市場・海外資源へのアプローチや税制上の優遇措置などがある。

□ 減量経営………経費節減・人員削減などで体質を改善し，スリムな経営規模にすること。

□ 経営分析………企業の決算書を調べて収益力や資産内容などの経営状態を判断すること。この仕事を専門にするのが経営アナリストで，企業の依頼があれば，経営分析をして問題点を指摘し，それに対する対策をアドバイスする。

第3章　一般知識

1　難易度 ★☆☆☆☆　😣 できないと キビシ～!!　　　チェック欄

　次は関係ある用語の組み合わせである。中から<u>不適当</u>と思われるものを一つ選びなさい。

1）源泉徴収　――　納税
2）福利厚生　――　健康
3）関連会社　――　出向
4）人事考課　――　昇格
5）就業規則　――　株主

2　難易度 ★★☆☆☆　😐 できないと アヤウイ!　　　チェック欄

　次は会社における役職名とその説明の組み合わせである。中から<u>不適当</u>と思われるものを一つ選びなさい。

1）顧問　　　　＝　主に取締役の仕事の管理をする人。
2）監査役　　　＝　会計や業務を監視し検査をする人。
3）相談役　　　＝　経営上の相談に乗って助言をする人。
4）常務取締役　＝　取締役の一員で日常の経営業務を行う人。
5）代表取締役　＝　取締役の一員で会社を代表する権限を持つ人。

3　難易度 ★★☆☆☆　😐 できないと アヤウイ!　チェック欄

　次は直接関係のある用語の組み合わせである。中から<u>不適当</u>と思われるものを一つ選びなさい。

1）役員 ―― 取締役
2）定年 ―― 再雇用
3）考課 ―― 勤務評定
4）出向 ―― 関連会社
5）定款 ―― 人事異動

4　難易度 ★★☆☆☆　😐 できないと アヤウイ!　チェック欄

　次は株式会社について述べたものである。中から<u>不適当</u>と思われるものを一つ選びなさい。

1）株式は売買や譲渡ができる。
2）株主は出資金だけの責任を負えばよい。
3）不特定多数の出資者から資金を集められる。
4）日本で最も普及している会社の形態である。
5）取締役は労働組合の承認を得て選任される。

　次は雇用に関する用語の説明である。中から<u>不適当</u>と思われるものを一つ選びなさい。

1)「年俸制」とは，１年を単位として報酬を支払う制度のことである。
2)「早期退職制度」とは，退職金などの給付内容を優遇し，定年前に退職を促す制度のことである。
3)「終身雇用」とは，従業員が希望すれば定年後も延長して働くことができる雇用形態のことである。
4)「ハローワーク」とは，公共職業安定所の愛称で，職業紹介や失業給付などを行う行政機関のことである。
5)「フレックスタイム制」とは，規定の総労働時間内で出退社時間を各自が決められる勤務制度のことである。

　次は用語とその説明の組み合わせである。中から<u>不適当</u>と思われるものを一つ選びなさい。

1) 社債 ＝ 株式会社が資金調達のために発行する債券。
2) 社是 ＝ 会社の経歴が記された，いわば会社の履歴書。
3) 定款 ＝ 会社などの組織や業務に関する基本的な規則。
4) 登記 ＝ 権利を確実にするため登記簿に記載すること。
5) 商標 ＝ 商品の独自性主張のために付ける記号などのこと。

1=5)「就業規則」とは，従業員の労働条件や服務規律などについて定めた規則のこと。「株主」とは，株式会社の出資者のこと。それぞれは関係がないので組み合わせとして不適当である。

2=1)「顧問」とは，会社などで相談を受けて助言を与える役目の人のことである。

3=5)「定款」とは，会社などの組織や業務についての基本的な規則のこと。「人事異動」とは，会社などの組織の中で職務や勤務地などが変わること。直接関係のある用語の組み合わせではないので不適当である。

4=5)取締役は，株主総会で株主の承認を得て選任される。

5=3)「終身雇用」とは，一度就職すると定年まで雇用関係が継続する雇用形態のことである。

6=2)「社是」とは，会社などの基本的な経営方針，またはそれを示した言葉のことである。

合否自己診断の目安

　正解率60％以上を合格の目安としてください。ここでは，6問出題したので，4問以上の正解でクリアです。

1　企業と経営	6問中　　問正解 ●正解率＝　　　％

さて，いよいよ理論領域最後の第3章です。最初の「企業と経営」の成績はどうでしたか？第3章の「一般知識」は，知っていれば簡単な問題ですが，「知らなければどうにもならない」ことが分かったでしょう。できなかった人は，幅広い知識を身に付けるようにしましょう。

SECTION 2 企業の活動

Lesson 1 人事・労務

■これだけは押さえておきたい■
Key フレーズ　「人材を活用するための人事・労務管理」

企業が業績を伸ばすためには，何よりも人的資源を最大限に活用していくことです。従業員の能力を育成し，適材適所に人材を配置するなど，人事管理や労務管理は企業の重要な課題です。

☆ 人事管理・労務管理の重要性

　企業を動かすのは人です。優秀な人材を採用・育成していくことは企業にとって重要な課題となります。企業の人事・労務管理について理解しておくことが大切です。

◆人事・労務管理

　労務管理とは，従業員の募集や雇用条件（賃金，労働時間，休日など）の策定，採用者の配置，異動，教育などを行うことです。労務管理を担当する部署（例：人事課）は，企業によって異なりますが，総務部・人事部・労務部などの部門に置かれます。

　人事管理とは，人的資源である従業員を最適・最大に活用することです。従業員の能力や性格を把握して適材適所に配置したり，教育・訓練を実施して能力開発を行い，それぞれの能力や実績を評価して人事異動を行うなど，人材を最も効果的・効率的に活用していきます。

☆ 人事・労務管理に関する用語 *理解したらチェックしよう

- [ ] OJT……………On the Job Training の略。職場内での具体的な仕事を通して従業員の訓練を行うこと。

- [ ] OFF-JT………Off the Job Training の略。研修所など職場外で行う訓練のこと。オフ・ジェイティと読む。

- [ ] 自己申告制度…従業員が担当している職務や勤務地に対する意見や人事異動の希望，自己啓発の状態などを会社に提出させる制度のこと。従業員の個性を尊重し，主体的に仕事をさせることを目的としている。

- [ ] 就業規則………始業時間，休日，賃金などの労働条件，人事制度，服務規定などを定めた規則類のこと。

- [ ] 職務評価………職務給を定める際に，会社内の各職務を重要度，困難度，責任の度合などに応じて評価し，序列化すること。

- [ ] ジョブローテーション…従業員に計画的に各種分野の職務を経験させ，能力開発をする人材育成法のこと。

- [ ] 人事考課………従業員の業務遂行度や能力，功績などを分析・評価し，一定の基準で査定すること。人事管理に反映させる。

- [ ] ニート…………Not in Employment, Education or Training の頭文字を取ったもの。就職もせず，教育も職業訓練も受けていない人のこと。

- [ ] 福利厚生………企業が従業員とその家族の生活を充実させるために設ける制度や施設。

- [ ] フリーター……定職に就かず，アルバイトで生活している人。

- [ ] モチベーション…人間が行動を起こすときの動機，意欲を引き出す動機付けのことで，組織の中では特に仕事への意欲のことをいう。

- [ ] ルーチンワーク…日常の決まりきった仕事のこと。

第3章 一般知識

2 会計・財務

Key フレーズ　「企業財務を表す貸借対照表と損益計算書」

企業は毎年，企業の財務を出資者に公表するために財務諸表を作成します。その代表的なものが貸借対照表(B/S)と損益計算書(P/L)です。

☆ 企業会計と簿記

　企業会計には，「管理会計」と「財務会計」の2種類があります。管理会計は，経営管理に役立てるために内部的に記録するものです。財務会計は，株主など外部の利害関係者に企業の財政内容や経営状態を報告するためのものです。いずれも複式簿記*で記録・計算されます。

☆ 貸借対照表と損益計算書

　企業は，一定期間ごとに決算をし，出資者(株式会社の場合は株主)に企業の財政内容や経営状態を報告する義務があります。そのとき作成されるのが財務諸表で，その代表的なものが貸借対照表，損益計算書，キャッシュフロー計算書，および株主資本等変動計算書です。

◆貸借対照表

　貸借対照表とは，決算日など，企業の一定時点における財務状態を表したもので，資産・負債・純資産を一覧表示します。別名バランスシート（Balance Sheet略してB/S）とも言われています。

　この一覧表は右と左に分けて作成してあり，右側には「負債」と「純資産」が，左側には「資産」が表示されています。右と左の合計金額は必ず一致します。つまり，資産(左)＝負債＋純資産(右)という計算式になります。左側を「借方」，右側を「貸方」と呼びます。

◆損益計算書

　損益計算書とは，決算期間など，企業のある一定期間の収益から費用を差し引いて，経営成績を示したものです。P/Lと略されますが，これは，Profit and Loss Statement の Profit（利益）と Loss（損失）の頭文字

用語 Check　【複式簿記】　企業の経済取引を「原因」と「結果」の2側面から把握することで財産計算と損益計算とを同時に行うことを可能にした帳簿記入の方法。

を取ったものです。

　損益計算書によって，その期間に企業がどれくらい利益を得たのか，あるいは損失を出したのかが一目で分かります。

◆キャッシュフロー計算書

　キャッシュフロー計算書とは、一定の会計期間における企業の資金の流れ（増減）を明らかにした計算書で、「営業活動」「投資活動」「財務活動」ごとに区分して表示します。営業活動によるキャッシュフローとは、事業活動によって得た資金の増減を表したものです。投資活動によるキャッシュフローとは、固定資産や有価証券の取得や売却など投資活動による資金の増減を表したものです。また、財務活動によるキャッシュフローとは、株式や社債の発行、社債や借入金の返済など資金の調達や返済に関する資金の増減を表したものです。

◆株主資本等変動計算書

　会社の純資産の変動を表す計算書のこと。貸借対照表や損益計算書だけでは，資本金などの数値を連続して把握することが困難なことがあります。そこで会社法では，この計算書の作成を義務付けました。

第３章　一般知識

一定時点の財政状態を表したものが貸借対照表,
一定期間の経営成績を表したものが損益計算書,
一定期間の資金の流れを表したものがキャッシュフロー計算書,
純資産の変動を表したのが株主資本等変動計算書
ということですね。

☆ 会計・財務に関する用語 ＊理解したらチェックしよう

☐ 一般管理費……人件費・賃貸料・交通費・消耗品費・交際費など企業が日々の活動を営むのに必要な費用のこと。

☐ 固定資産………複数年度使用する土地・建物・機械・車両などの資産。

☐ 流動資産………現金，受取手形，商品など１年以内に現金化できる資産のこと。

☐ 含み資産………現時点の資産の市場評価価値から帳簿上の資産価額を引いた差額のこと。

☐ 損益分岐点……損失が出るか利益が出るか分かれ目となる売上高や数量。

☐ 棚卸し…………製品・商品などの在庫量を帳簿と照合して調べ，その数量を金額に換算すること。

■これだけは押さえておきたい■
Key フレーズ 「手形や小切手は現金に代わる支払い手段である」

企業は支払いの方法として現金の代わりに手形や小切手を用います。手形は，支払期日を指定して，他人に支払いを約束した証券です。また小切手は，基本的にはいつでも銀行で現金化できる証券です。

☆ 手形と小切手のしくみ

現金の代わりとして利用される手形や小切手がどのようなものかをよく理解しておく必要があります。

◆手形（約束手形）とは

手形の振出人が，一定の期日に一定の場所で一定の金額を受取人に支払うことを約束した証券のことです。このような手形を約束手形といいます（これ以外に為替手形*もあります）。手形の受取人は，裏書をすることによって第三者に支払い手段として渡すことができます。こうして手形は，企業間を流通していくことになります。また，すぐに現金が必要な場合は，銀行に持参すると一定の利息を払うことによって現金化することもできます。これを手形の割引といいますが，信用のない企業が発行した手形は，利息が高くなったり，割引を断られることもあります。

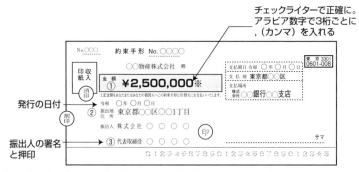

🔼 手形の例

 用語 Check 【為替手形】 手形の振出人が名宛人に対して，一定の期日に一定の金額を受取人に支払うことを委託した証券。

◆小切手とは

　小切手とは，銀行に当座預金をもつ振出人が，受取人(持参人)への支払いを銀行(支払人)に委託した証券のことです。

　振出人は，金額・署名・捺印を記した小切手を支払相手に渡します。小切手の受取人は，小切手を名宛銀行(支払銀行)に持参するか，自分の取引銀行に取立てを依頼することで現金化することができます。

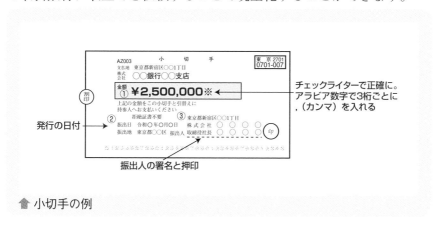

発行の日付

振出人の署名と押印

チェックライターで正確に。
アラビア数字で3桁ごとに
，(カンマ)を入れる

☝ 小切手の例

☆ 金融に関する用語 *理解したらチェックしよう

☐ 社債……………株式会社が長期資金を調達するために発行する債券。

☐ 資金繰り………貸付金を取り立てたり銀行から借り入れをしたりして，資金不足にならないように事業に必要な資金をやりくりすること。

☐ 手形裏書………手形の所持者が，第三者に権利の譲渡をするために裏面に所定事項を記入して押印すること。

☐ 当座預金………銀行との当座取引契約により，預け入れと引き出しがいつでもできる無利息の預金。預金を引き出す場合には，銀行から交付された小切手を用いる。

☐ 不渡り…………決済できない手形や小切手。手形・小切手の所持人が手続きをしたにもかかわらず，支払人からその支払いを受けられないこと。

Lesson 4 税務

■これだけは押さえておきたい■
Key フレーズ 「企業の所得（利益）には法人税が課せられる」

企業が支払う主な税金には，法人税，法人住民税，事業税，消費税などがあります。この他，固定資産税や自動車税，印紙税などさまざまなかたちで税金を払っています。

☆ 税金の種類

　税金には，直接税と間接税があり，それぞれ国(国税)と地方自治体(地方税)に納めます。税を負担している人と納税義務者が一致している税金を直接税といい，一致していない税金を間接税といいます。

　企業が支払う税金には，法人税・事業税・固定資産税・消費税などがあり，個人が払う税金には所得税・消費税・道府県民税・市町村民税・固定資産税などがあります。

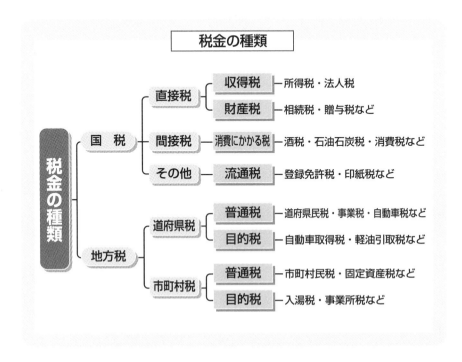

税金の種類

税務に関する用語 ＊理解したらチェックしよう

□ 印紙税……………証書・契約書などを作成する際に課せられる税金。購入した収入印紙を書類に貼って消印することで納税することになる。

□ 確定申告…………一定期間の所得額や控除額を申告して税金を納めること。企業の場合は，決算日から2カ月以内に法人税を税務署に申告することになっている。

□ 間接税と直接税…間接税は税を負担する人と納税義務者が一致しない税金。例えば消費税の場合は，消費者が税金分を負担しているが，納税義務者はメーカー・卸売業者・小売業者である。これに対して直接税は，所得税など，税を負担する人と納税義務者は一致している。

□ 源泉徴収…………税務署に代わって企業などが給与や報酬を支払う際に税金を徴収し，税務署に納付すること。

□ 事業税……………事業を営む法人，個人に課せられる地方税。

□ 消費税……………物品やサービスの消費に対して課せられる間接税。

□ 住民税……………個人，法人に課せられる地方税。

□ 所得控除…………所得税を計算する際に，所得金額から差し引くこと。基礎控除のほか，個人的な事情を配慮した扶養控除，医療費控除，障害者控除などがある。

□ 所得税……………個人の所得に課せられる国税。

□ 年末調整…………会社などが，給与所得者の1年間の給与総額から所得税を計算し，源泉徴収分との過不足を年末に精算すること。

□ 法人税……………法人所得税ともいい，法人の所得（利益）に課せられる国税。

□ 累進課税…………所得など，課税対象額が大きければ大きいほど，高い税率を適用する課税方式。

第3章 一般知識

5 生産管理

Key フレーズ 「低コストで高品質を追求するのが生産管理」

企業は製品を消費者に提供することで利益を得ます。しかし，製品に欠陥があったり，価格が高いと製品は売れず企業は損失を受けることになります。いかに低コスト（低費用）でよい製品を供給するかが生産管理の課題です。

☆ 生産管理とは何か

　生産管理とは，生産活動の合理化・能率化を図るために，生産に関する予測や計画を行うなど生産活動全体をコントロールしていく管理活動のことです。市場での製品のニーズを予測し，製品化計画を立て，生産量を決定し，資材の手配をする……といったプロセスを踏み，市場が要求する高品質の製品をタイムリーに，かつできるだけ低コストで供給していきます。

　生産管理にはさまざまな手法がありますが，生産管理のポイントは，製品を，①適正な品質や性能を保ちつつ，②適正な量を，③できるだけ短時間に，④最低コストで作ることです。

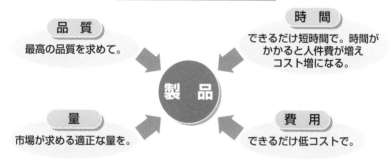

生産管理のポイント

品 質
最高の品質を求めて。

時 間
できるだけ短時間で。時間がかかると人件費が増えコスト増になる。

製 品

量
市場が求める適正な量を。

費 用
できるだけ低コストで。

段取りの悪い仕事の仕方をして残業すれば，残業代がかかり，それはコストとして製品に反映することになります。つまり，高い製品になってしまい，他社との価格競争に負けてしまいます。「時間はコスト」ということをしっかり頭に入れて仕事をするようにしましょう。

☆ 生産管理の手法

　革新的な発想や技術革新により生産管理の手法は，進歩し続けています。以下は代表的な生産管理の手法です。

◆TQM

　Total Quality Manegement の略。総合的品質経営。品質管理とは，もともとは製品のばらつきをなくしていく活動でしたが，現在では製品の品質そのものを高めて，消費者のニーズに応えようとする活動になっています。以前はQC活動として製造部門などが行っていましたが，今では製造部門，非製造部門に関係なく，全社的に品質管理に取り組む企業が増えています。以前よりあったTQC（全社的品質管理）を企業活動全般を通じて行おうというものです。

◆ZD運動

　Zero Defects の略。無欠点運動。欠点は従業員の注意と工夫で自主的に解決できるという考えに基づいて始められた運動で，生産段階での欠陥をなくそうとするものです。

◆カンバン方式

　トヨタ自動車が始めた生産システムで，必要なときに必要な部品・資材を供給し，部品の在庫を限りなくゼロにするというもの。在庫を持つ必要がないというメリットがありますが，供給のプロセスにトラブルが発生すると生産活動がストップするという問題があります。

◆CAD／CAM

　CAD(Computer aided design)はコンピューターを利用した設計・デザインのシステム，CAM(Computer aided manufacturing)はコンピューターを利用した製造システムのことです。両者ともコンピューターを活用した生産管理の代表的なものです。

Let's Study!
よく出る問題

■適当＝○か不適当＝×か考えてみよう。

□①QCとは品質管理のことで，最初，非製造部門から始まり，ついで全社的な品質管理（TQM）へと発展した。

□②ZD運動とは無欠点運動のことで，労働者の欠点をなくそうという運動のこと。

解説：①QCは，製造部門から始まり，ついで全社的な総合的品質管理であるTQMへと発展したものである。
解答＝×

②労働者の欠点をなくそうということではなく，従業員の工夫によって生産段階の欠陥をなくそうという運動のことである。人間は過ちを犯さない方向に努力すれば，自主的にミスをなくすことができるという考え方に基づく生産管理の一手法のこと。
解答＝×

第3章　一般知識

6 マーケティング

「企業が行う市場活動がマーケティングである」

消費者が求めているもの（消費者ニーズという）を知るための市場調査から商品開発，商品製造，広告宣伝，販売に至る全ての市場活動をマーケティングといいます。

☆ マーケティングの流れ

　マーケティングとは，商品・サービスが売り手から消費者に渡るまでの一連のビジネス活動のことです。企業が商品やサービスを提供する場合，消費者のニーズを知らなければ，売れない商品やサービスを提供してしまう恐れがあります。そこで，企業は市場調査などで消費者ニーズをつかみ，商品を開発製造したり，改良を加えて提供します。また，どれだけの商品が売れるかを予測することも必要です。売れ残れば不良在庫となり，企業の損失になります。

　このように，企業は消費者が望む商品やサービスを適切に供給して利益を得るために，さまざまな市場活動を行います。

　マーケティングの主な流れは以下の図のようになっています。

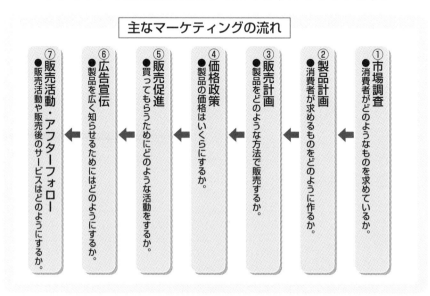

主なマーケティングの流れ

① 市場調査
●消費者がどのようなものを求めているか。

② 製品計画
●消費者が求めるものをどのように作るか。

③ 販売計画
●製品をどのような方法で販売するか。

④ 価格政策
●製品の価格はいくらにするか。

⑤ 販売促進
●買ってもらうためにどのような活動をするか。

⑥ 広告宣伝
●製品を広く知らせるためにはどのようにするか。

⑦ 販売活動・アフターフォロー
●販売活動や販売後のサービスはどのようにするか。

☆ マーケティングに関する用語 *理解したらチェックしよう

- □ アフターサービス…商品やサービスを提供した後に，メンテナンス（保守管理）や修理などをすること。

- □ エージェンシー…代理店。

- □ クライアント……顧客。得意先。

- □ CI………………Corporate Identityの略。企業の独自性を持つこと。CI政策とは，それをアピールするために，社名，ロゴマーク，キャッチフレーズや商品体系などを見直し，企業イメージの統一を図ること。

- □ 市場細分化………マーケットセグメンテーションともいう。市場を地域や顧客属性など各需要層に細かく分類して，それぞれに適した販売活動を行うこと。

- □ 市場調査…………マーケティングリサーチともいう。新製品開発や販売方策立案のために消費者ニーズなど市場を調査すること。

- □ 消費者ニーズ……消費者が必要とするもの。消費者の要求，欲求のこと。

- □ テレ・マーケティング…電話を利用した販売促進活動。

- □ DM………………ダイレクトメールの略。宛名広告のこと。

- □ POP広告………販売時点広告のこと。パネルやポスター，ディスプレーなど店頭に設置される宣伝広告をいう。

- □ 販売促進…………SP（Sales Promotion）ともいう。商品の販売を促進する活動のこと。POP広告，キャンペーン活動の展開，販売代理店の援助など多くの方策がある。

- □ プレゼンテーション…取引相手に商品・サービスなどの企画や計画，あるいは広告活動に関する企画などを提案・説明すること。

- □ プレミアム………商品に付ける景品。手数料や割増金の意味もある。

- □ POSシステム…販売時点情報管理システム。販売時に販売情報が収集・把握できるシステム。

- □ マーチャンダイジング…商品化計画のこと。消費者ニーズに応じた商品を，適切な時期・価格・数量で提供するための計画の策定と遂行をいう。

第3章　一般知識

7 会社をめぐる法律

Key フレーズ 「企業の商行為を定めた基本は商法である」

企業が行うさまざまな商行為に関して定めている基本の法律は商法です。この他，会社法，民法，労働法，独占禁止法，不正競争防止法など多くの法律が企業の活動に関わっています。

☆ 社会的責任を担う会社

　会社は利益を追求することが目的です。しかし，利益追求のためには，どのようなことをしてもいいというわけではありません。会社が社会的存在として認められるためには，以下のようなことを実現していく必要があります。

◆コーポレートガバナンス

　「企業統治」，または「会社統治」と訳します。会社が「社会や関係者のためにはどのようにあるべきか」を示す考え方のことです。企業活動は，株主，顧客，従業員，取引先，金融機関などの利害関係者（ステークホルダーという）によって成り立っています。従って会社は，これらの関係者の利害を円滑に調整しながら経営をしていく必要があります。そのためには，会社の経営を監視し，規律を順守させる企業統治の考え方を持つことが重要になります。

　企業統治を確立するためには，「経営者の横暴や暴走をチェック・阻止する」「組織ぐるみの不正行為・違法行為をチェック・阻止する」「企業理念を実現するための企業活動を方向づける」などの諸課題を解決していかなければなりません。

◆ディスクロージャー

　「情報公開」，「企業内容開示」などと訳します。会社が利害関係者に，事業内容や事業成果，財務状況などの情報を開示することです。情報公開は，利害関係者の意思決定を可能にするだけでなく，利害関係者を保護することにもつながります。情報によっては，取引を停止したり縮小したりしてリスク回避することができるからです。

　ディスクロージャーには，「商法」，「会社法」および「金融商品取引法」など，法によって義務付けられた強制的なものと，会社自身の

判断で開示する非強制的なものとがあります。今後は，会社の社会的責任を果たすため，あるいは製品の安心・安全を求めるユーザーなど利害関係者のさまざまな要望に応えるため，より多くの非強制的な情報公開が行われていくでしょう。

◆コンプライアンス

　「法令順守」と訳します。しかし，会社は単に法律を守るだけではなく，社会規範や企業倫理を守り，ルールに従って公正・公平に行動することが求められます。多くの会社では「企業行動規範」を定めるほか，各種の「社内規定」「マニュアル」を作成するなどして活動基準を明確化し，それらを順守するよう努めています。

☆ 会社に関する法律

　会社の活動は多くの法律と関係しています。主な項目とそれに関する法律は以下の表の通りです。

項　　目	内　　容	法　　律
会社の設立・運営	商号, 目的, 発起人, 株主, 資本金, 株主総会, 取締役会, 決算など。	会社法, 民法, 商法
契約・取引	商号, 相手会社の登録確認, 手付金など。	民法, 商法, 商業登記法
代金の支払い	手形, 小切手など。	手形法, 小切手法
債権の確保	担保, 時効, 債権譲渡など。	民法
紛争・倒産	示談, 和解, 破産, 更生など。	民事訴訟法, 民事調停法, 破産法, 民事再生法, 会社更生法, 労働法
競争	不正競争, 公正取引, 広告表示, 不当景品など。	独占禁止法, 不正競争防止法
知的所有権	特許, 実用新案, 意匠など。	商標法, 特許法, 実用新案法
会社の犯罪	詐欺, 背任, 業務上横領など。	刑法, 商法, 刑事訴訟法

| 1 | 難易度 ★☆☆☆☆ | (x) できないと キビシ～!! | チェック欄 |

　次は,「マーケティング」に関して述べたものである。中から<u>不適当</u>と思われるものを一つ選びなさい。

1) マーケティングとは, 製品が生産者から消費者の手に渡るまでの一切の企業活動のことである。
2) 製品計画は市場調査に基づいて立てるが, 競合他社との差別化も考えないといけない。
3) 販売店では値引きをするのが当たり前なので, 価格は高額に設定した方が顧客の満足度が上がってよい。
4) 宣伝活動にもいろいろあるが, マスコミに働きかけて無料でテレビや雑誌に取り上げてもらう方法もある。
5) 企業が消費者から信頼されるには, アフターサービスの充実は欠かせないものである。

| 2 | 難易度 ★★☆☆☆ | できないと アヤウイ! | チェック欄 |

　次の「　　　」内は下のどの用語の説明か。中から適当と思われるものを一つ選びなさい。

　「企業のある一定期間における経営成績を示したもの。P／Lと略される」

1) 財産目録
2) 監査報告書
3) 貸借対照表
4) 営業報告書
5) 損益計算書

3 | 難易度 ★★☆☆☆ | できないと アヤウイ! | チェック欄

　次は用語とその説明の組み合わせである。中から<u>不適当</u>と思われるものを一つ選びなさい。

1）融資　＝　資金を融通すること。
2）完済　＝　借金などを全て返すこと。
3）金利　＝　株価の変動によって得られた利益のこと。
4）負債　＝　借りたままになっている金銭などのこと。
5）債権　＝　貸したお金などを返してもらえる権利のこと。

第3章　一般知識

4 | 難易度 ★★★☆☆ | できて ひとまずホッ!! | チェック欄

　次の用語の説明の中から<u>不適当</u>と思われるものを一つ選びなさい。

1）「連結決算」とは，親会社と子会社，関連会社を含めてする決算のことである。
2）「固定資産」とは，長期的に使用または保有する資産で，土地，建物，機械などのことである。
3）「流動資産」とは，短期間に現金化できる資産で，現金預金，売掛金，商品などのことである。
4）「有価証券」とは，それ自体に財産的価値のある証券のことで，債券，株券，小切手などのことである。
5）「財務諸表」とは，会社などの経営成績を従業員に定期的に知らせる，経営数字を表示した書類のことである。

難易度 ★★★☆☆ 😊₃ できて ひとまずホッ!!　　　チェック欄

次の用語の説明の中から<u>不適当</u>と思われるものを一つ選びなさい。

1)「アウトソーシング」とは，社内業務の一部を外部に委託することである。
2)「依願退職」とは，会社が経営悪化などを理由に退職者を募ることである。
3)「出向」とは，会社から命令を受けて，籍を変えずに他の会社で働くことである。
4)「ヘッドハンティング」とは，他の会社などから有能な人材を引き抜くことである。
5)「ワークシェアリング」とは，一人当たりの労働時間を短縮し，より多くの人で仕事を分け合うことである。

6 難易度 ★★★★☆ 😊 できたら拍手! 視界良好　　　チェック欄

次の用語の説明の中から<u>不適当</u>と思われるものを一つ選びなさい。

1)「住民税」とは，個人，法人に課せられる地方税のこと。
2)「固定資産税」とは，土地や建物などにかかる税金のこと。
3)「印税」とは，書籍などの著作権収入にかかる所得税のこと。
4)「累進課税」とは，所得が多くなるほど税率が高くなる課税方式のこと。
5)「間接税」とは，消費税など，税を負担する人と納付する人が違う税金のこと。

1=3）顧客が感じる価値に対して，妥当な価格を設定するのがマーケティングにおける戦略の一つである。販売店では値引きをするのが当たり前だとしても，高額に設定した方が顧客の満足度が上がるなどは見当違いで不適当ということである。

2=5）

3=3）「金利」とは，金を貸したり預金したりした場合に付く利子のことである。

4=5）「財務諸表」とは，会社などの一定期間の財務状態や経営成績を，利害関係者に明らかにする目的で作る書類の総称のことである。

5=2）「依願退職」とは，本人から願い出て退職することである。

6=3）「印税」とは，書籍などの発行部数や価格に応じて，発行者が著者に支払う著作権使用料のことである。

合否自己診断の目安

正解率60％以上を合格の目安としてください。ここでは，6問出題したので，4問以上の正解でクリアです。

| 2　企業の活動 | 6問中 ☐ 問正解 ●正解率＝ ☐ ％ |

「企業の活動」の成績はどうでしたか？
次は，いよいよ理論領域の最後のセクションになります。最後まで気を抜かないで頑張りましょう!!

Lesson 1 情報処理とニューメディア

■これだけは押さえておきたい■
Key フレーズ 「OAとはオフィスオートメーションのこと」

OA機器の発達で，企業を取り巻く環境は一変しました。特に，パソコン（パーソナルコンピューターの略）は，以前のオフィスコンピューター以上の機能を持ち，インターネット，IP電話，電子メールの活用など，企業に欠かすことのできないものとなっています。

☆ OAの現状と未来

OAとは，office automation（オフィス オートメーション）の略で，コンピューターなど最新の事務機器を活用して，オフィスのさまざまな事務処理を自動化・効率化することです。OAの目的は事務部門の生産性を向上させることにありますが，それは会社全体の生産性や技術を高めることにも連動します。また，OA化することで従業員は創造的な仕事に専念できるようになります。現在ではファクシミリ，コピー機，多機能電話，IP電話，パソコンなどがOAの中心的な機器として使われています。

情報の高速処理や情報の共有化が求められる現代，ますますOA化は推進されていくに違いありません。秘書としては，そうしたOA化の波をしっかり受け止めて，それらの機器やソフトウエアに関するさまざまなノウハウを吸収していくことが求められます。

☆ 情報とニューメディア

急速に発達したパソコンは，驚異的な情報処理能力を持つようになりました。また，光ファイバーを利用した光通信も実用化され，インターネットに見られるように，大量の情報を処理・伝達できるネットワークが構築されています。今後は，ニューメディアの代表格としてのインターネットと従来のメディア（新聞，雑誌，テレビ，ラジオ等）をどのようにして融合させていくか，情報のセキュリティをどう確保していくかといったことが課題となるでしょう。

情報とニューメディア関連用語 ＊理解したらチェックしよう

- □ マルチメディア …映像，画像，音声，文字の情報を統一的に表現するコンピュータ技術。複数メディアの融合。
- □ ドメイン名 ………インターネット上に存在するコンピュータを識別するための名前の一種で，ネット上の住所のようなもの。
- □ モバイル …………「移動可能な」とか「携帯できる」の意味を持つ英語だが，これだけで「携帯電話」を意味することもある。
- □ Eメール …………電子メール。インターネットや携帯電話を利用して，文字情報や画像情報を送受信するシステム。
- □ CC，BCC ………電子メールの機能の一つ。同じ内容のものを複数の人に送信する場合に利用する。CCはカーボンコピーの略で，メールを受け取った人は，送信された全ての人の名前やメールアドレスが分かる。BCCはブラインドカーボンコピーの略で，自分以外に誰に送られたかは分からない。
- □ 添付ファイル …… 電子メールの本文に付属して送られるファイルのこと。
- □ サイバーテロ …… コンピュータネットワーク上で行われる破壊活動。
- □ 迷惑メール ………受信者に一方的に送り付ける広告や勧誘のメールのこと。
- □ ブログ ……………継続的に更新される日記形式のホームページのこと。
- □ メールマガジン …電子メールを利用して定期的に情報を配信するシステム。
- □ ダウンロード ……インターネットを利用してサーバに保存してあるソフトやファイルなどのデータを自分のパソコンにコピーすること。この逆を「アップロード」という。
- □ プロバイダー ……インターネットへの接続サービスを提供する事業者のこと。
- □ 検索エンジン ……インターネット上に公開されている情報を，キーワードなどを使って検索する機能のこと。
- □ アップグレード …ソフトウエアなどを最新の状態にしておくこと。
- □ スクロール ………画面の表示内容を上下左右に移動すること。
- □ バグ ………………コンピュータのプログラムミスのこと。
- □ 文字化け …………コンピュータで本来の文字が意味不明な文字や記号などに化けて表示されること。

第3章　一般知識

 これは間違い！

パソコンで作成した文書はパソコン内に保存し，重要文書だけは外部記憶装置にコピーして鍵のかかる引き出しに保管するようにしています。

間違いの理由

作成した文書は全て外部記憶装置にコピーしておくことが大切です。パソコンが壊れてデータがなくなってしまう恐れがあるからです。できれば二つの外部記憶装置にコピーして二重管理します。外部記憶装置も壊れることがあるからです。また，重要文書は，外部記憶装置にコピーしたらパソコン内のデータは消去しておきます。誰に見られるか分からないからです。

2 常識としての基礎用語と略語

社会常識として知っておくべき用語の基準は，新聞（一般紙）に出てくる用語や職場で使われる用語が理解できる程度と考えてよいでしょう。日ごろから疑問に思った用語を調べる習慣を付けておくことが大切です。

☆ 社会常識としての基礎用語 *理解したらチェックしよう

☐ 為替レート ………… 二つの通貨の交換比率のこと。日本経済で重要なのが米ドルと円の比率。

☐ 規制緩和 ………… 許可・確認・検査・届け出などの各種規制を緩和・撤廃すること。規制緩和をすると市場参加者が増加して競争が激化する。そうすると物価が下がり，消費意欲が旺盛になって景気がよくなるという効果がある。

☐ 行財政改革 ……… 国会議員の削減・組織の統廃合など，従来の行政組織や制度を抜本的に見直し，スリムで効率的なものに再構築しようという取り組み。

☐ 国内総生産 ……… ある一定期間に国内で生産された財・サービスの合計。
　（GDP）

☐ 経済成長率 ……… 国内総生産（GDP）の対前年増加率。

☐ 円高／円安 ……… 他国の通貨に対して円の価値が高い状態が円高。反対が円安。

☐ 需要／供給 ……… 財やサービスを購入したいという欲求が需要。財やサービスを提供しようとする経済活動が供給。

☐ 基幹産業 ………… 鉄鋼や電力など，一国の経済活動の基盤となる重要な産業のこと。

☐ 地場産業 ………… その土地に根差した伝統的な産業。

☐ 知的財産 ………… 知的創作活動の成果として得られる，特許・著作・商標・意匠（デザイン）などの無形資産。

☐ 有価証券 ………… 金銭的価値を持つ証券のことで，手形，小切手，商品券，株式などを指す。

☐ 決算公告 ………… 決算の結果を一般社会に報告すること。

☐ 連結決算 ………… 親会社と子会社，関連会社を一つにまとめて行う決算。

☐ 粉飾決算 ………… 業績などを過大，または過小にゆがめて決算すること。

☐ 融資 ……………… 銀行などの金融機関が，利子を得る目的で企業や個人に金銭を貸し出すこと。

☐ 担保 ……………… 債務の不履行に備えて債権者に提供しておくもの。

☐ 負債 ……………… 借りたままになっている金銭などのこと。

☐ 完済 ……………… 借金などを全て返すこと。

☆ 覚えておきたい略語 ＊理解したらチェックしよう

- ☐ AI ………… 人工知能。
- ☐ ASEAN … 東南アジア諸国連合。
- ☐ ATM ……… 現金自動預け払い機。
- ☐ CEO ……… 最高経営責任者。「COO」は最高執行責任者。
- ☐ EU ………… 欧州連合。
- ☐ FX ………… 外国為替。外国為替証拠金取引。
- ☐ GPS ……… 全地球測位システム。人工衛星を利用して現在位置を知ることができるシステム。
- ☐ IMF ……… 国際通貨基金。
- ☐ ISO ……… 国際標準化機構。ISOは物やサービスの流通促進のため「品質保証規格」や「環境保全のための規格」など多くの国際標準規格をつくっている。
- ☐ IT ………… インフォメーション・テクノロジーの（情報技術）の略。
- ☐ JAS ……… 日本農林規格。「JIS」は日本産業規格。
- ☐ JETRO …… 日本貿易振興会。ジェトロと読む。
- ☐ M&A ……… 企業の合併・買収のこと。
- ☐ NGO ……… 非政府組織。
- ☐ NPO ……… 民間非営利団体。
- ☐ ODA ……… 政府開発援助。
- ☐ OPEC …… 石油輸出国機構。オペックと読む。
- ☐ TPP ……… 環太平洋連携協定。環太平洋パートナーシップ協定。
- ☐ WHO …… 世界保健機関。
- ☐ WTO ……… 世界貿易機関。

第3章　一般知識

☐ 道交法 ……… 道路交通法。	☐ 郵貯 ………… 郵便貯金。
☐ 労基法 ……… 労働基準法。	☐ 労災保険 …… 労働者災害保険。
☐ 独禁法 ……… 独占禁止法。	☐ 東証 ………… 東京証券取引所。
☐ 特措法 ……… 特別措置法。	☐ 外資 ………… 外国資本。
☐ 公取委 ……… 公正取引委員会。	☐ 外為 ………… 外国為替。
☐ 原発 ………… 原子力発電所。	☐ 投信 ………… 投資信託。
☐ 政府税調 …… 政府税制調査会。	☐ 定昇 ………… 定期昇給。
☐ 住基ネット … 住民基本台帳ネットワークシステム。	☐ 超勤 ………… 超過勤務。
☐ 国保 ………… 国民健康保険。	☐ 育休 ………… 育児休業。
☐ 生保 ………… 生命保険。	☐ 産休 ………… 産前産後休業。
☐ 損保 ………… 損害保険。	☐ 有休 ………… 有給休暇。
☐ 世銀 ………… 世界銀行。	☐ アポ ………… アポイントメント。
☐ 日銀 ………… 日本銀行。	☐ エコ ………… エコロジー。
☐ 都銀 ………… 都市銀行。	☐ コネ ………… コネクション。
☐ 地銀 ………… 地方銀行。	☐ ベア ………… ベースアップ。

3 常識としてのカタカナ語

Key フレーズ 「カタカナ語を正しく訳せるかが鍵」

普段何気なく使っているカタカナ語も，人から意味を問われると日本語に訳せないことが多いものです。「何となく分かっている」，「意味は感じとれる」ではなく，正確に知っておくことが大切です。

☆ 社会常識としての基礎用語 *理解したらチェックしよう

□ アウトソーシング …… 他企業に請け負わせる経営手法。社外調達。

□ アドバタイジング …… 広告活動。

□ アビリティー ………… 能力。技量。

□ アメニティー ………… 住環境の快適性。

□ イニシアチブ ………… 主導権。

□ イノベーション ……… 現状を変革し新しくすること。革新。

□ インサイダー ………… 組織内部の人。内部の事情に通じている人。

□ インターネット ……… コンピュータ技術を活用して世界中に張り巡らされた通信網のこと。

□ インテリジェントビル ‥ 高度な情報通信システムを備えたビル。

□ オーソリティー ……… 権威。権威者。

□ オファー ……………… 申し込み。申し入れ。提示。

□ オプション …………… 自由選択。選択権。

□ キャパシティー ……… 容量。収容能力。物事を受け入れる能力。

□ キャピタルゲイン …… 資本利得。株などの値上がりによって得た利益。反意語がキャピタルロス。

□ クオリティー ………… 品質。性質。品位。

□ クレジット …………… 信用。信用貸しによる販売や金融。

□ コールドチェーン …… 生鮮食料品などを冷凍，冷蔵，低温状態に保ち，生産地域から消費地に運ぶシステム。

□ コマーシャルベース ‥ 商業の採算。

□ コミッション ………… 手数料。委託。

□ コンサルテーション ‥ 相談。専門家の診断や指導を受けること。その専門家を「コンサルタント」という。

□ コンスタント ………… 一定。いつも一定しているさま。

□ コンセプト …………… 基本的な考え方。概念。

□ コンセンサス ………… 合意。意見の一致。

□ コンタクト …………… 相手と直接会ったり，連絡したりして情報交換をすること。接触。

□ サテライトオフィス ‥本社と通信回線で結び，近郊などに衛星のように配置したオフィスのこと。

□ サジェスチョン ……… 示唆。暗示。ほのめかし。
□ シミュレーション ….. 模擬実験。模型や数式などによって実際とそっくりな
　　　　　　　　　　　　状況を設定して実験をすること。
□ シルバービジネス ….. 高齢者を対象として，商品やサービスを提供する事業。
□ スキル ……………… 技能。訓練で得られる特殊な技術や技能。
□ スケールメリット …. 生産規模を拡大することによって単位当たりのコスト
　　　　　　　　　　　　削減を図ること。
□ セキュリティー ……… 安全。保安。防犯。
□ チェーンストア ……… スーパーやコンビニエンスストアなど，本部が統制し
　　　　　　　　　　　　て各地に店舗展開し，統一的な営業活動を行う小売り
　　　　　　　　　　　　業のシステム。
□ トップダウン ……… トップ（経営層）が決定した方針や目標を下位の者へ命
　　　　　　　　　　　　令・指示する意思決定方式。
□ ネゴシエーション … (協定・取引での) 交渉・協議・折衝。
□ バイオテクノロジー .. 生命工学。生物学に工学的技術を応用する技術。
□ バリアフリー ……… 高齢者や障害者にとって障害となっているものを取り
　　　　　　　　　　　　除くこと。
□ バリュー …………… 価値。値打ち。
□ フォーマット ……… 形式。
□ プリペイドカード ….. 料金前払い方式の磁気カード。
□ プレッシャー ……… 圧力。精神的重圧。
□ ペナルティー ……… 罰則。罰金。
□ ペンディング ……… 保留。未解決の状態のこと。
□ ベンチャービジネス .. 新規事業。既存の企業が事業化していない分野で革新
　　　　　　　　　　　　的な事業を展開すること。
□ ボーダーレス ……… 国境・境界がない状態をいう。
□ ボトムアップ ……… 下位の者が提案し，それを上位の者が検討して決める
　　　　　　　　　　　　意思決定方式。反意語がトップダウン。
□ ポリシー …………… ことを行う上での方針。政策。
□ メッセ ……………… 見本市のこと。
□ ラジカル …………… 急進的な。過激な。
□ リカバリー ………… 取り戻すこと。回復。
□ リコール …………… 解職請求制度。公職にある者を国民または住民の意志
　　　　　　　　　　　　によって解職する制度のこと。／生産者が商品の欠陥
　　　　　　　　　　　　を公表して商品を回収し，無料で修理すること。
□ リスクマネジメント … 危機管理。企業活動で想定されるさまざまなリスク
　　　　　　　　　　　　(危機) を回避したり最小にとどめるための経営管理。
□ リベンジ …………… 報復。再挑戦。一度負けた相手を打ち負かすこと。
□ リリース …………… 開放すること。
□ レアアース ………… ネオジムなどの希土類元素の総称。
□ レアメタル ………… リチウムなどの希少金属の総称。
□ ロイヤルティー ……… 特許権使用料。知的財産権の使用料。商標権。
□ ワークシェアリング …. 労働時間の短縮などにより，より多くの人で仕事の総
　　　　　　　　　　　　量を分かち合うこと。

第3章　一般知識

83

1 難易度 ★★☆☆☆ できないと アヤウイ！　　　　　チェック欄

次の「　　」内は，下のどの用語の説明か。中から適当と思われるものを一つ選びなさい。

「政府や団体の意見などを報道機関に発表する担当者」

1）キーマン
2）デベロッパー
3）スポークスマン
4）アウトサイダー
5）オーソリティー

2 難易度 ★★☆☆☆ できないと アヤウイ！　　　　　チェック欄

次は用語とその意味（訳語）の組み合わせである。中から不適当と思われるものを一つ選びなさい。

1）ツール　　　　＝　道筋
2）メソッド　　　＝　方法
3）セクション　　＝　部門
4）コンセプト　　＝　概念
5）クオリティー　＝　品質

3 難易度 ★★★☆☆ できて ひとまずホッ!!　　　　チェック欄 □

　次は秘書Aが新聞で見た，欧文略語とその訳語の組み合わせである。中から<u>不適当</u>と思われるものを一つ選びなさい。

1）EU　　　　＝　欧州連合
2）WTO　　　＝　世界貿易機関
3）NPO　　　＝　民間非営利団体
4）ASEAN　＝　東南アジア諸国連合
5）TPP　　　＝　アジア太平洋経済協力

4 難易度 ★★★☆☆ できて ひとまずホッ!!　　　　チェック欄 □

　次は用語とその意味の組み合わせである。中から<u>不適当</u>と思われるものを一つ選びなさい。

1）モチベーション　　＝　物事を行う動機や意欲のこと。
2）シチュエーション　＝　物事が置かれている状態や場面。
3）レクリエーション　＝　休養のためにするスポーツや遊び。
4）ジェネレーション　＝　職業や年齢によって変わる考え方の傾向。
5）シミュレーション　＝　実際に近い状況をつくって研究などをすること。

1＝3）

2＝1）「ツール」とは，道具のことである。なお，コンピューター用語ではソ
フトウエア・プログラムのことをいう。

3＝5）「ＴＰＰ」とは，環太平洋連携協定のこと。アジア太平洋経済協力は，
ＡＰＥＣの訳語である。

4＝4）「ジェネレーション」とは，世代，あるいは同世代の人々のことである。

＞＞＞＞＞＞＞＞ 合否自己診断の目安 ＜＜＜＜＜＜＜＜

　正解率60％以上を合格の目安としてください。ここでは，4問出題したので，3問以上の正解でクリアです。

　ただし，「第3章　一般知識」全体では，合計16問なので，10問以上の正解でクリア，また，「理論領域」全体では，合計36問なので，22問以上の正解でクリアとなります。

3　社会常識	4問中	問正解	●正解率＝	％

第1章　必要とされる資質（計）	10問中	問正解	●正解率＝	％
第2章　職務知識　　　　（計）	10問中	問正解	●正解率＝	％
第3章　一般知識　　　　（計）	16問中	問正解	●正解率＝	％

理論領域（合計）	36問中	問正解	●正解率＝	％

これで，理論領域は終了です。
合計36問中，60％以上がクリアですから22問正解していれば，理論領域合格の目安となります。21問以下しか正解しなかった人は，実技領域の点数に関係なく不合格です。何とかクリアしました？！
では，実技領域へ進みましょう!!

第4章

マナー・接遇

人間関係と話し方・聞き方

Lesson
1

人間関係の重要性

■これだけは押さえておきたい■
Key フレーズ 「経営の人間関係管理は労働意欲を高めること」

テイラーは合理性に基づいた科学的管理法を提唱して経営学の基礎をつくりましたが，これは人間関係を無視したものでした。その後メイヨーたちによる実験で，人間関係が生産性を左右することが分かりました。現代では，ビジネスのあらゆる場で，人間関係が重視されるようになりました。

☆ 人間関係についての理論

経営に関する人間関係の理論には，次のようなものがあります。

◆テイラーの科学的管理法

アメリカの能率技師テイラーは，個人の仕事量を科学的に設定し，仕事の成果に応じて合理的に賃金を払うようにすれば，労働者の労働意欲が向上し，生産高が大幅にアップすると考えました。このテイラーによる科学的管理法が経営学の第一歩となりました。

しかしテイラーの理論は，人間の集団感情や職場での人間関係を無視したものでした。

◆メイヨーの人間関係論

テイラーの管理方法に対し，ハーバード大学の臨床心理学者メイヨーは，職場での非公式な人間関係の善し悪しが生産性を左右すると考えました。この考え方はアメリカのウエスタン・エレクトリック社ホーソン工場での実験で実証されました。

この結果，現代の企業においても，職場での人間関係が重視されるようになりました。

Let's Study!
よく出る問題

■適当＝○か不適当＝×か考えてみよう。
□ 誰とでも同じ話し方をすることが話す相手と人間関係をよくするコツである。
解説：周りに10人の人間がいるとしたら，その人たちとの人間関係は10通りあることになる。話というのは，相手との人間関係を考えた話し方をしなければ理解を得られないのだから，誰とでも同じ話し方をするのは不適当である。
解答＝×

職場での人間関係が悪くなると，労働意欲も低下してきます。

◆マズローの欲求段階説とマグレガーのX理論・Y理論

　アメリカの心理学者マズローは，人間の欲求には段階があると説き，この説に影響されたマグレガー（アメリカの心理学者，経営コンサルタント）はX理論・Y理論を発表しました。

　マズローの段階説の③「集団への帰属意識と愛情の欲求」，④「他人から認められたい欲求」は，特に職場での人間関係がいかに重要かを示しています。

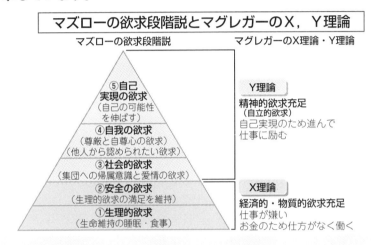

☆ 職場の人間関係の重要性

　職場での人間関係としては，経営者と労働者，上司と部下，同僚間などがありますが，経営で目指す人間関係管理は以下のようなことです。

●職場内での摩擦や対立を回避し，よいチームワークの構築を図る。
●自発的な協力でお互いの仕事のモラール*を向上させ，仕事の達成感や満足感を得るようにする。

　また，好ましい人間関係を構築する管理手法としては以下のようなものがあります。

●社員へのカウンセリング。
●社内報などの発行，提案制度，苦情処理制度，職場懇談会の設置。

 【モラール】　士気，労働意欲のこと。モチベーション（動機付けされた意欲）は個人に対して使われることが多く，モラールは集団全体に対して用いられることが多い。

第4章 マナー・接遇

2 秘書と人間関係

Key フレーズ 「謙虚な気持ちはトラブル回避の秘訣」

人間関係にトラブルはつきものです。それを避けるためには，謙虚な気持ちで接したり，常に相手の立場に立って考える習慣を身に付けておくことです。これは，人間関係を調整する役割がある秘書の心構えでもあります。

☆ 変化する人間関係にも素早く対応する

多くの人と接する秘書は，人間関係を良好に保っていく役割があります。中級秘書は，上司の交替や新人の加入など職場環境の変化にも適切かつ迅速（じんそく）に対応する能力が求められるため，人や仕事，環境への対応にはより細かな気配りや配慮が必要になります。特に人への対応では，変化する人間関係をどのように処理するかが重要な課題となります。状況が変わってもトラブルを避け，好ましい人間関係をつくるように心がけます。

これは 間違い！

人事異動で補佐する上司が替わったので，取りあえずはこれまでと同じような仕事の仕方をし，注意された時点で上司の好みのやり方に変えるようにしようかと考えています。

間違いの理由

上司が替わったときは，新しい上司の好みややり方に合った仕事の仕方をしなければいけません。そのためには，新しい上司の秘書をしていた同僚に，上司の人となりなどをよく聞いて，どのような仕事の仕方をすればよいかアドバイスを受けるようにします。

Let's Study!
よく出る問題

■適当＝○か不適当＝×か考えてみよう。

□ 上司に「S部長から資料を借りてきてもらいたい，この前会ったときに話してある」と言われた。そこで借りに行ったところ，S部長は外出中で，秘書も「預かっていない」と言う。それで「あなたが当然預かっていると思っていました」と話した。

解説：S部長は在籍していると思って行ったのだろうが，部長は不在。それなら，当然秘書が預かっているものとして対応している。それは勝手な思い込みであり，思い込みを正当化するような言い方は不適当である。この場合は，「あなたが預かっているか，確認してから来ればよかった，出直してくる，申し訳なかった」と言わなければならない。このような勝手な思い込みを正当化しようとすると，人間関係を悪くするので注意したい。

解答＝×

☆ トラブルを避ける

　職場内のトラブルとしては，新任上司とのトラブル，二人の上司に付く場合のトラブル，秘書同士のトラブルなどが考えられますが，トラブルを回避するためには次のようなことに留意します。

◆新任上司とのトラブル

　新任上司とのトラブルの多くは，秘書側の心得違いに問題があるといえます。例えば，仕事の仕方に不満があると，新任上司と前任者と比較して批判的な態度を取るといったケースですが，次のことを心得ておきます。

- ●新任の上司を早く理解する。上司の仕事内容だけでなく，総合的な人間像を把握する。
- ●前の上司と決して比較しない。

◆二人の上司間でのトラブル

　一人の秘書が二人の上司に付く場合は，次のことを心がけます。特に二人の仲がよくない場合は，衝突を避けるため調整役としての秘書の役割も重要になります。

- ●両者に対してあくまで公平に接する。
- ●それぞれの仕事のやり方に合わせる。
- ●誰に対しても上司の噂話や人物評は控える。

Let's Study!
よく出る問題

■適当＝○か不適当＝×か考えてみよう。

□　取引先のM氏から懇親会に誘われたので，礼を述べた後「その日はまだ予定がはっきりしておりませんので，後ほどご連絡いたします」と言っておいて上司の指示を仰いだ。

解説：M氏と上司との関係があって誘われたのである。従って，上司の指示に従うのがよいことになる。しかしその場で「上司指示を仰いでから」という言い方は適当ではないので，このように「予定がはっきりしていないから」という返事をして，保留しておくのがよい対応となる。

解答＝○

これは間違い！

仲が悪いA部長とB部長の担当なんて最悪!!

間違いの理由

人間関係をうまく調整するのが秘書の役割。ここが腕の見せどころです！

◆秘書同士のトラブル

　秘書同士の人間関係を良好に保つことが，トラブル発生を抑える近道です。誰に対しても謙虚な気持ちで接し，まず相手の立場や気持ちを理解するように努めます。特に自分の仕事に「無責任なところはないか」，相手の秘書に対する「越権行為はないか」に留意しましょう。

第4章　マナー・接遇

3 話し方の基本知識

Key フレーズ 「話の効果の決定権は聞き手にある」

話し手がいくら一生懸命に話しても，聞き手が理解できなかったり，聞く耳を持たなければ何の効果もありません。話をするときは，相手に理解してもらえるような話し方，聞く耳を持ってもらえるような接し方を考えることが必要です。

☆ 話の成立要件

　話を成立させるためには，「相手を聞き手にする」，「相手が求める条件（分かりやすい言葉で／礼儀正しく／耳が遠いので大きな声で／ゆっくりと／堅苦しくなく……）を知る」などの前提条件を満たすほか，「言葉以外の各種言語の特徴や効果」を知っておく必要があります。

◆相手を「聞き手」にする

　相手が目の前にいるというだけで，人はその人が聞き手だと思い込んでしまいがちです。しかしそうではなく，その人が意志をもって話し手の話を聞こうとしたときに初めて聞き手になるのです。従って話し手は，まず相手を「聞き手」にし，話を成立させるようにする必要があります。

◆聞き手の条件を知る

　話の目的（話の効果）を得るためには，相手が話を聞いて理解することが必要です。つまり話の効果の決定権は，聞き手側にあり，聞き手が理解しなければ話の効果はなかったことになります。従って，話し手は「相手が求める条件」を知り，それに応じた話し方をする必要があります。その際，次のようなことにも配慮しましょう。

- ●相手との人間関係はどうか（相手にとって自分はどのような存在か）。
- ●相手の理解度はどうか。相手の現在の状況，精神的状態はどうか。

初対面の人　　　　同僚秘書

気心の知れた人と初対面の人とでは，相手が提示している条件が違うので話し方を変えています。

丁寧に話します。

節度を守り親しく話します。

◆言語のいろいろ

　話をするときは，言葉（記号言語）だけでなく，音声（言葉，声の調子）や身体（表情，態度），また環境（服装，場の雰囲気）など，さまざまな要素が加味されます。言葉以外にも次のような「言語」があることを知り，それぞれの特徴と，効果を理解して用いることが大切です。

●表情言語

　明るい表情で話すと相手も親近感を持つ。

●身振り言語

　記号言語（普通の言葉）を補うものとして使う。

●行為言語

　感じのよい動作や態度は，相手に好感を抱かせる。

●身体言語

頑張って

　スキンシップを通して，聞きやすい雰囲気をつくる。

☆ 効果的な日常会話

日常の会話の中でも次のようなことを心がけます。

●明るくあいさつをする。
●はっきり返事をする。
●豊富な話題を持っておく。
●聞き上手になる。
　　相手の話に相づちを打つ・相手の話の腰を折らない・相手の伝えたいことを引き出す。「話し上手は，聞き上手」であることを知る。

「話し上手は，相手の反応を見ながら話す」

相手のことがまだよく分からない場合や込み入った話をする場合など，相手が理解して聞いているのかどうかつかめないことがあります。そういうときは，相手の反応を見ながら話し方を修正していく必要があります。

☆ 正しく伝える

聞き手に話を正しく伝えるためには，次のような点に留意します。

◆ビジネスに適した表現
- 話の型に気を付ける。
  - ・5W3Hの要点を押さえる。
  - ・帰納法と演繹法*を活用する。
  - ・時間的・空間的順序で話す。

◆分かりやすい表現
- 難解な言葉を用いない。
  - ・聞き手に分かる言葉で話す。
  - ・外来語は乱用しない。
- 同音異義語や類音語に注意する。
  - ・明瞭な発音をする。
  - ・他の言葉に言い換える。
- 部外者に専門用語を使わない。

◆正しい話し方
- 漢字，熟語，カタカナ語などを正しく使う。
- 数字は適切な読み方で伝える。

◆感じのよい表現
- 相手に配慮して話す。
- 相手を尊重する(イエス・バット法*)。
- 相手が嫌がる言葉は使わない。
- 正しい敬語表現を使う。

◆分かりやすい表現
- 歯切れよく簡潔に話す。
  - ・主語と述語を近づけて話す。
  - ・語尾をはっきり話す。
- 口癖に気を付ける。
- 接続詞は適切に使う。
- 助詞を適切に用い，意味を正確に伝える。

◆音声表現
- 正しく発音する。
- イントネーションに注意する。
- 聞きやすいスピードで話す。

【帰納法と演繹法】 「帰納法」は，個々の事象から因果関係を推論して一般的原理を導く方法。例）人間Aは死んだ。BもCもDも死んだ。人間だから死んだ（因果関係）。つまり，人間はみな死ぬ。「演繹法」は，一般的原理から論理的に結論を導く方法。代表的な手法は三段論法。例）人間は死ぬ。Aは人間である。従ってAは死ぬ。
【イエス・バット法】 まず相手の話を肯定し（イエス），その上で「しかし（バット）」と自分の意見を話す方法。

☆ 感じのよい話し方

　話し方は人間関係に大きな影響を与えるため，常に相手を尊重した話し方を心がけるようにします。例えば有効な話し方の一つに「イエス・バット法」があります。相手の話に賛同できない場合，「それは違います」などとすぐに異義を唱えると角が立ちますが，「確かにそういう考えもありますね」とまず相手の話を肯定的に受け止め，「しかし，この考えの方が……」などと話を進めると，相手も素直に耳を傾けるようになります。話し上手になるために以下のポイントを押さえておきましょう。

- ●相手の反応を見ながら，相手に合わせた適切な表現内容や表現方法で話す。
- ●相手の話を肯定的に受け止め，相手を傷つけないようにする。
- ●難しい表現を避けて，分かりやすく話す。
- ●必要なときに，必要なことを，必要なだけ，適切な方法で話す。
- ●抽象的な表現は避け，具体的に話す。
- ●明るくはっきり話す。
- ●事実を正確に捉え，正しい日本語で話す。

これは 間違い！

相手が話しているときは話の腰を折らないように，じっと黙って聞いています。

間違いの理由

黙っていると話し手は，聞き手が分かって聞いているかどうか不安になります。
相づちが必要なのはそのためです。

■適当＝○か不適当＝×か考えてみよう。

□①話をするときには，難しい言葉は使わないようにしているが，言ってしまったら，意味が分かったかを尋ねるようにしている。

□②話をするとき，相手の表情や受け答えから，その話に興味がないことを感じたら，「ところで」など転換の言葉を入れて話題を変えるようにしている。

解説：①話をしても相手に通じなければ意味がないので，難しい言葉を使わないようにするのは当然である。しかし，使ってしまった場合は，分かりやすく説明しなければならない。分かったかと尋ねても意味がない。相手がうなずいても，正確に理解していない場合が多いからである。
解答＝×

②相手が興味を持っていないことを話しても意味がないことである。しかし，相手は露骨にその話は興味がないとは言わないので，表情や受け答えから判断しなければならない。興味がないことが分かったら，話題を変えたり，相手の話を聞くようにすることが会話を楽しくしていくポイントである。
解答＝○

第4章 マナー・接遇

5 真意をつかむ聞き方

Key フレーズ 「真意を聞くコツは意識的に聞くことである」

相手の真意を引き出すには，表面的な言葉だけでなく，表情や態度などを観察しながら，言葉の端々まで注意を払って意識的に聞くことです。また，相づちを打ちながら相手が話しやすくなるように導いていくことが大切です。

☆ 聞き違いはなぜ起こるか

　好ましい人間関係を維持していくためには，人の話を正しく聞くことが重要ですが，ときには相手の真意を間違って受け止めたり，聞き違いをしてしまうことがあります。このようなことが起こる原因としては次のようなことが考えられます。

- ●相手の一言で感情的になってしまい，相手の話を冷静に受け止められなくなる。
- ●自分の主張に夢中になって，相手の話を聞く余裕を失う。
- ●性急に相手を評価して，判断を誤る。
- ●自分勝手な解釈をしてしまう。
- ●話を省略して聞いている。
- ●内容を確認しないで聞き流している。
- ●相手の話した内容を忘れてしまう。
- ●話の意図をゆがめて聞いてしまう。

Let's Study!
よく出る問題

■適当＝○か不適当＝×か考えてみよう。
□ 話に賛成できないことがあれば，話の途中でも賛成できないと話している。
解説：話の途中ではその人の真意がどこにあるか分からない場合があり，誤解してしまう恐れがある。話が一区切りするまでは注意深く聞くことが大切である。
解答＝×

これは 間違い！

相手が前に話した同じような話をしようとした場合は，話を前に進めるために，「その話は前に聞いたので，省略していいわよ」と言ってあげるようにしています。

間違いの理由

以前話した内容に対するその人の意見が違ったことを話すつもりだったのかもしれません。「同じような話」といっても，最後まで聞いてみないと分からないものです。勝手な思い込みで，相手の話を妨げないようにします。

☆ 真意をつかむように聞く

　話し手の真意をつかむためには，相手の言葉を一言も漏らさぬように真剣に耳を傾ける必要があります。また，相手が話しやすくなるような雰囲気をつくることも大切なことです。

◆意識的に集中して聞く

　話を聞くときは相手の話に集中して意識的に聞くようにします。また，相手が口にした言葉の意味だけでなく，声の調子，表情，態度などを総合的に捉え，その本心や，伝えたい真意をつかむようにします。

- ●うなずいたり，相づちを打って聞く。
- ●不明な部分を確かめながら聞く。
- ●話のキーワード，キーフレーズを見つける。
- ●話の関連を正確に把握する。

そうだったの…

◆話しやすい環境をつくる

　聞き手が配慮して，話しやすい環境をつくることは，相手の真意を引き出すことにつながります。相づちを打ったり質問したりして，相手の話に関心を持って熱心に聞くことが大切です。

Let's Study!
よく出る問題

■適当＝○か不適当＝×か考えてみよう。
- □①相手の話に同意するときはうなずいたり，言葉で同意していることを伝えるのがよい。
- □②話がよく分からないときでも，相手は努力しているのだから，「分かった」と言ってあげるとよい。

解説：①相手の話を黙って聞いていると，相手は聞き手が真剣に聞いているのかどうか疑ったり，不安になったりするものである。うなずいたり，同意したりすると，相手は安心して話を進めていくことができる。
解答＝○
②話す人は，聞く人に分かってもらうために話すのである。聞いて分からなければ，「分からない」と言ってあげなければ，聞いていることにはならない。
解答＝×

第4章 マナー・接遇

これは 間違い！

話を聞くとき，相手の話に同意できないときは「相づち」は打たないようにしています。

間違いの理由

話を聞くときに打つ相づちは，相手が話しやすいように調子を取るためのもので，必ずしも同意の気持ちを表すものとは限りません。同意できなくても相づちを打って話を聞いているサインは出しましょう。

6 敬語の用法

Key フレーズ 「相手を高めて敬うのが尊敬語，へりくだるのが謙譲語」

尊敬語と謙譲語を間違えずに正しく使えることが大切です。年齢の差，先輩と後輩の差，職階の差，客と店との関係など，それぞれの差を埋め，調和させるのも敬語の働きであることを理解しておきましょう。

☆ 敬語の使い分け

正しい敬語が使えるかどうかは，常識ある社会人かどうかを測る尺度になります。社会人としての良識を求められる秘書は，敬語を使い分ける能力を身に付けておく必要があります。

尊敬語 相手に敬意を表す言葉。相手の動作および相手に属する物や状態を敬う。

謙譲語 相手に対して，自分や自分に属すること（家族，同じ会社の者）をへりくだって表現することで，間接的に相手を高める。

丁寧語 話し相手に直接敬意を表する。

これは 間違い！

はい，吉田さまの言うことは，分かってございます。こちらに参上される節には，お電話ください。

間違いの理由

「分かってございます」という言い方はない。また「参上」は謙譲語なので，これに「ご」を付けても尊敬語にはならない。
「はい，吉田さまのおっしゃることは，承知いたしております。
こちらへお越しの際には，お電話いただけますか」と話します。

Let's Study！
よく出る問題

■適当＝○か不適当＝×か考えてみよう。（正しい敬語の使い方）

□①社長は出かけたそうです。

□②社長は出かけられたそうです。

□③社長はお出かけされたそうです。

□④社長はお出かけになったそうです。

解説：「出かけた」を敬語表現にすると「お出かけになる」「出かけられた」になる。従って正しい敬語用法は「社長はお出かけになったそうです」「出かけられたそうです」となる。

解答①＝×，②＝○，③＝×，④＝○

☆ 敬語の独特な表現 ＊マスターしたらチェックしよう

　通常，敬語は「れる，られる」「お(ご)～になる」「お(ご)～いただく」「お(ご)～する(いたす)」の形を取りますが，「食べる」を「召し上がる」とするように，普通の言葉を特別な言葉にして用いるケースがあります。以下はその代表的な例です。

普通の言い方	尊敬語	謙譲語
□ する	なさる	いたす
□ 言う	おっしゃる	申す
□ 食べる	召し上がる	いただく
□ 見る	ご覧になる	拝見する
□ 聞く	お聞きになる	伺う，拝聴する
□ いる	いらっしゃる	おる
□ 行く	いらっしゃる	参る，伺う
□ 来る	いらっしゃる おみえになる おいでになる	参る
□ 訪ねる	いらっしゃる	お邪魔する，お寄りする，伺う，参上する
□ 気に入る	お気に召す	──
□ 死ぬ	お亡くなりになる	──
□ 借りる	──	拝借する
□ 知る	ご存じ	存じ上げる
□ 見せる	──	お目にかける，ご覧に入れる
□ 会う	──	お目にかかる

7 注意したい敬語

これだけは押さえておきたい
Key フレーズ 「『社長がおみえになられました』は過剰敬語」

外部に対して内部の者のことを話すときは，敬語を使いません。また，敬語を使うときは二重敬語にならないように気を付けます。相手が内部の者の家族などの場合は，敬語を用いるので注意が必要です。

☆ 謙譲語と尊敬語を混同しない

誤	正
●お食事はいただかれましたか。	→お食事は召し上がりましたか。
●お名前を申してくださいませ。	→お名前をおっしゃってくださいませ。
●参加いたしませんか。	→参加なさいませんか。
●ご注意していただけますよう…。	→ご注意いただけますよう…。

これは 間違い！

間違いの理由

どうぞ，
ご拝見願います。

●「どうぞ，
ご覧になってください」
とします。

☆ 二重敬語に注意

誤	正
●お客さまがおいでになられました。	→お客さまがおいでになりました。

社長が
おみえになりました。

正しい敬語です。
「社長がおみえになられ
ました」は二重敬語な
ので注意しましょう。

☆ 外部に対して，内部の者には敬語を使わない

誤	正
●原部長は今，席におられません。	→原は今，席を外しております。
●常務は出張中でいらっしゃいます。	→常務の○○はあいにく出張中でございます。
●部長がよろしくとおっしゃってました。	→部長の○○がよろしくと申しておりました。

これは 間違い！

○○さま，
部長はすぐに
いらっしゃいます。

間違いの理由

お客さまに対して，内部の者には敬語を使いません。また，役職名も敬称になるので注意しましょう。この場合は，謙譲語の「参る」を使って，「部長の○○はすぐに参ります」とします。

☆ 内部の者の身内に対しては敬語を使う

　「外部の人」であっても，内部の者の身内に対しては，内部の者にも敬語を使うので注意します。

誤	正
●部長の○○は食事に出かけております。	→○○部長（さん）はお食事に出かけていらっしゃいます。

○○部長さんが
お戻りになりましたら，
お母さまからお電話が
ありましたことをお伝
えいたします。

正しい敬語の用法です。部長のお母さまからの電話なので，「お戻りになりましたら」と部長の行動に対しても敬語を用います。

1 難易度 ★☆☆☆☆ 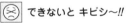 できないと キビシ～!!　　　　チェック欄

　次は秘書Aが，会話をするとき心がけていることである。中から不適当と思われるものを一つ選びなさい。

1) 話題にもよるが，会話をするときは明るく朗(ほが)らかな調子で話すようにしている。
2) 話の内容が相手によく伝わるように，表情や話し方の調子に変化をつけるようにしている。
3) 相手の年齢，上下関係，親疎の差によって，ふさわしくない話題は出さないようにしている。
4) 難しい言葉は使わないようにしているが，言ってしまったら易しい言葉に言い換えるようにしている。
5) 話の途中に相手が割り込んできたら，今の話に区切りがついてからにしてもらいたいと言うようにしている。

2 難易度 ★☆☆☆☆ できないと キビシ～!!　　　　チェック欄

　秘書Aは，社内で行われた「話し方と人間関係」というテーマの勉強会に参加した。次は参加者から出た意見である。中から不適当と思われるものを一つ選びなさい。

1) 相手との人間関係がよければ，自分の言葉が少し足りなくても補って聞いてもらうことができるのではないか。
2) 話をすることでお互いに相手の理解が深まるのだから，差し支えのない範囲で気安く話した方がよいのではないか。
3) 社会的地位や親疎の差によって，改まった調子や親しみやすい調子など話し方を使い分けた方がよいのではないか。
4) 同じ内容の話でも相手によっては不快感を与えることもあるので，話題を選ぶときは配慮しないといけないのではないか。
5) 相手に自分の考えを理解してもらいたいときは，相手がどう思っているかは考えずに自分の意見を率直に言う方がよいのではないか。

3　難易度 ★★☆☆☆　😔 できないと アヤウイ!　　　　チェック欄 ☐

　秘書Aは出社した上司にいつも「おはようございます」と言うが，次のようなとき，その後どのように続けるのがよいか。適切な言葉を「　　」内に答えなさい。

1）前日，上司が出張していたとき。
　「　　　　　　　　　　　　　　　　　　　　　　　　　」
2）前日，上司が体調不良で早退したとき。
　「　　　　　　　　　　　　　　　　　　　　　　　　」
3）前日，上司に食事をごちそうになったとき。
　「　　　　　　　　　　　　　　　　　　　　　　　　」

4　難易度 ★★★☆☆　😊 できて ひとまずホッ!!　　　　チェック欄 ☐

　次は秘書Aが，上司（部長）に対して言ったことである。中から言葉遣いが<u>不適当</u>と思われるものを一つ選びなさい。

1）「こちらの書類をご覧くださいませんか」
2）「常務が部長をお捜しになっていらっしゃいました」
3）「課長が会議にご出席いただけないかとおっしゃっていました」
4）「本部長は10時ごろお戻りになられるとご連絡がございました」
5）「ご予約のお時間より早いのですがW様を応接室にご案内いたしました」

第4章 マナー・接遇

　秘書Aの上司（山田部長）は急に外出することになり，予定されていたY氏との面談ができなくなった。Aは上司から，Y氏に連絡し，よくわびて面談の延期を頼むことと，来週の都合のよい日時を聞いておくようにとの指示を受けた。次はAが電話で名乗ってからY氏に順に言ったことである。中から言葉遣いが<u>不適当</u>と思われるものを一つ選びなさい。

1)「急なことで誠に申し訳ございませんが，本日のお約束を延期させていただきたいのですが」
2)「実は山田が急用で外出することになり，お約束のお時間にお会いすることができなくなりました」
3)「山田も大変申し訳ない，くれぐれもよろしくと申しておりました」
4)「来週改めてお目にかかりたいと申しておりますので，よろしければご都合のよい日時を二，三お聞かせいただけませんでしょうか」
5)「急なご要望にもかかわらずお聞き入れしてくださり，ありがとうございました」

　営業部長秘書Aは異動で来週から総務部勤務になる。そこで後任のBに引き継ぎをしていたところ，電話が鳴りBが出たが，電話はA宛てで親しくしている取引先の担当者だった。次は相手の用件が済んだ後，Aが順に言ったことである。中から<u>不適当</u>と思われるものを一つ選びなさい。

1）知らせるのが遅くなったが，来週総務部へ異動する。
2）今電話を取ったのは後任のBで，自分より2年後輩だがしっかりしている。
3）今度Bからもあいさつをさせてもらう。
4）今まで同様に上司のことをよろしくお願いする。
5）何かの折には世話になると思うので今後ともよろしく。

1＝5）会話は相手がいてこそ成り立つものなので，相手を尊重するという姿勢が必要である。話の途中に割り込むのはそれなりの理由があるのだろうから，聞いてあげる方がよいことになる。従って，話に区切りがついてからと言うなどは不適当ということである。

2＝5）自分の意見を率直に言うのはよいことである。が，その意見をどう受け取るかは，相手の考えが影響する。従って，相手がどう思っているかを考えずに話すなどは不適当ということである。

3＝1）ご出張お疲れさまで（ございま）した

2）お体（の具合）はもうよろしいのでしょうか　お加減はいかがでしょうか

3）昨日はごちそうさまで（ございま）した
　　昨日は（ごちそうになりまして）ありがとうございました

4＝4）「お戻りになられる」は，尊敬語の「お戻りになる」に，さらに「れる」という尊敬語を加えた二重敬語なので不適当。適切な言い方は，「お戻りになる」「戻られる」などである。

5＝5）「ご要望」「お聞き入れしてくださり」が不適当。こちらからの要望なので「ご」は付けず，聞き入れてくれるのはＹ氏なので「急な要望にもかかわらずお聞き入れくださり」などが適切な言い方になる。

6＝4）Ａがよろしくとお願いできるのは，目下の人の場合だけ。上司は目上の人である。従って，上司のことをよろしくと言うなどは出過ぎたことで不適当ということである。

合否自己診断の目安

　正解率60％以上を合格の目安としてください。ここでは，6問出題したので，4問以上の正解でクリアです。

1　人間関係と話し方・聞き方	6問中 ☐ 問正解 ●正解率＝ ☐ ％

いよいよ実技領域に入りました。理論領域と同様，この実技領域（4章・5章）でも合計で正解率60％以上にならないと合格の目安が立ちません。セクション1で60％取れなくても，気を落とさずに頑張りましょう。4章，5章の合計で60％以上正解すればいいのですから。

■これだけは押さえておきたい
Key フレーズ 「『報告は事実だけを正確に述べる』のが鉄則」

報告を受ける側は，報告者が述べることは事実と信じています。もし，報告者が勝手な解釈や推論でものを言えば，聞き手は間違った情報を事実と信じてしまうことになります。このことは，よく心得ておく必要があります。

☆ 報告の要領

　報告をするときは，タイミングを考えてすることが大切です。上司の仕事が取り込んでいるときは避け，一段落したところを見計らって報告するようにします。

　ただし，緊急を要するもの，特に上司が重視している件で悪い結果がもたらされたような場合は，一刻も早く報告することが重要です。上司はその結果によって，取るべき次の手段を早く指示する必要があるからです。報告に際しては，次のことに留意します。

●結論を先に話し，理由や経過説明は後から。
　　結論の次にその理由を話し，経過説明は最後にする。上司が求めているのは，まず結論である。結論だけ聞いて，後は聞かない場合もあることを心得ておく。
●事実をありのままに述べる。
●時制は過去形「でした」「ました」にする。
●具体的に話す。
　　重量や速度，距離，大きさなどは，比較できるようなものを例示すると分かりやすくなる。
●報告前に内容を正確に把握しておく。
●報告内容は，要領よく簡潔にまとめる。

Let's Study!
よく出る問題

■適当＝○か不適当＝×か考えてみよう。
□①報告することが幾つかあるときは，新しいものを先にして，古いものは後にする。
□②説明会では新製品の特長が強調されていたので，分かりやすいように自分の感想を交えて報告した。
解説：①報告は，急ぐもの，重要なものを先に伝えるのが基本である。
解答＝×
②特長が強調されていたのなら，それをそのまま報告するのが正しい伝え方である。分かりやすくするためということであっても自分の感想を交えると事実の報告にはならない。
解答＝×

☆ 報告のまとめ方

　報告する前に報告内容を簡潔に分かりやすくまとめておくことが大切です。要点整理の方法として次のY・T・T方式，5W3Hがあります。

◆Y・T・T方式

　Yesterday(昨日)，Today(今日)，Tomorrow(明日)の頭文字をとったもので，それをキーワードにしたまとめ方です。

Y	イエスタデイ Yesterday	過去	結果の報告
T	トゥデイ Today	現在	現状の報告
T	トゥモロウ Tomorrow	未来	将来の予測

昨日，今日，明日と覚えておいてもいいわね!!

◆5W3H

　下表のように，英語の疑問詞を利用したまとめ方です。

ホエン When	いつ	日時
ホエア Where	どこで	場所
フー Who	誰が，誰を	人物
ホワイ Why	なぜ	理由
ホワット What	何を	目的
ハウ How	どのようにして	手段
ハウ メニィ How many	幾つで	数量
ハウ マッチ How much	幾らで	値段・経費

ハウマッチ……そうだ，肝心の価格を忘れるところだったわ！

☆ 報告の際の注意点

　報告を受ける側は，報告者の言葉を信用して聞きます。従って，報告者が脚色したり自分流に解釈して話したことも受け手には全て「事実」として認識されることになります。事実だけを正確に伝えるためには，次のようなことに気を付けなければいけません。

●勝手な解釈や推測をしない。
●オーバーな表現や感情的な表現はしない。
●求められない限り，個人的な意見や感想は言わない。

事実だけ！

数値データなどを説明するときは，グラフにすると数字の推移や比較が一目で分かります。また，複雑な説明をする場合は，「フローチャート（流れ図）」や「関係図」などを利用して説明すると，聞き手は理解しやすくなります。

☆ 説明の要領と手順

　中級秘書は，複雑な内容や長い内容の用件を正確に説明する能力が求められます。簡単なものは口頭でも済みますが，補足説明を要する込み入った内容を伝えるときには，メモや文書にまとめて説明するという工夫が必要になります。

　以下の手順やポイントを押さえておきましょう。

① 予告する　　必要に応じて以下の項目を選択する。

- ●ナンバー　　説明数を最初に告げる。
- ●アウトライン　　概略を先に述べる。
- ●ポイント　　主要点を述べる。

② 順序よく説明する　　必要に応じて以下の項目を選択する。

- ●時間的配列　　時の経過に従って話す。
- ●空間（場所）的配列　　発生した場所ごとに話す。
- ●既知から未知への配列　　相手が知っていることから，知らないことへと話を進める。
- ●重要度による配列　　重要なものから順に話す。
- ●因果関係による配列　　原因から結果へとつなげて話す。

具体的に説明する　　抽象的ではなく，具体的に話す。

重量や容量などは，比較できるものを例示する。

必要があれば，グラフや図表を見せる。

③ 要点を繰り返す　　説明の最後に，もう一度要点を繰り返す。

☆ 効果的な説明をするためのポイント

　説明とは，相手にこちらの伝えたいことを，相手がよく理解できるように話すことです。相手の理解が不十分では，説明したことにはなりません。次のようなポイントを押さえて説明することが大切です。

◆内容把握

　説明する人が，説明する内容を正確に理解しておくことが大切です。

◆状況把握

　説明を受ける人が，説明内容について「どの程度理解しているのか」，また，「理解していない点はどこか」を把握して話すようにします。

◆受け入れ準備

　複雑な説明や長い説明をする場合は，「今から○○のことについて説明する」と予告して，聞き手の受け入れ態勢を整えさせてから説明を始めます。

◆内容整理

　説明内容を理解しやすく整理し，順序立てて分かりやすい言葉で話します。

◆内容確認

　説明が終わったら，聞き手の理解度を把握するために要点を確認します。長い説明の場合は，一段落した時点で「ここまで理解できたかどうか」を確認して次に進むようにします。

Let's Study!
よく出る問題

■適当＝○か不適当＝×か考えてみよう。
□①途中で上司から質問があっても，最後に受けると言って先に説明するようにしている。
□②長い内容のものは，省略して要点を説明している。
解説：①上司が途中で質問するのは，分からなかったり，疑問があるからである。「質問は話を聞いた後で」というのは秘書の心構えだが，上司から受けた質問にはすぐに答えなければならない。
解答＝×
②説明とは，内容の長さに関係なく，それがどのようなものであるかを分かるように伝えることである。従って，省略して分かるものは説明の必要がないし，長くても言わなければ分からないものであれば話さなければいけない。
解答＝×

第4章 マナー・接遇

何か変になって…

パソコンの使い方，どこまで分かっているのかしら？

相手がどこまで理解しているのかを確かめることが大切です。

3 説得の仕方

「不安や拒否の理由を知るのが説得のコツ」

依頼事を断るには，それなりの理由があります。相手が抱いている不安や拒否の理由を知り，それを取り除いてやると相手はスムーズに応じてくれるものです。また，相手の条件を聞いてあげることも説得術の一つです。

☆ 依頼と説得の違い

　何かをしてもらうために人に頼むことを「依頼」といいますが，依頼を受け入れない相手に対して十分に話をし，納得させることを「説得」といいます。

　説得の目的は，相手にその内容を理解するように話して納得させ，その結果として相手の意思に基づいて行動させることです。

　中級秘書には，難しい説得をする能力だけでなく，相手の依頼や説得を断る「逆説得」の能力も求められます。

☆ 不安を取り除く

　説得を受け入れられない理由の一つに「不安」があります。従って，まず相手から不安を取り除くことが説得への第一歩ということになります。仕事面では次のような不安要因が考えられます。個々に応じて適切なアドバイスをすることが大切です。

初めてで，分からない！　　時間がない！物理的に無理!!　　お金が心配…　　難しそうだわ。

⬆ 心理的不安　　⬆ 物理的不安　　⬆ 経済的不安　　⬆ 能力的不安

心理的不安	
「失敗したらどうしよう」 「初めてで分からない」	自らの経験を語り，誰にでも共通する不安として理解を示す。

物理的不安	
「仕事が増え過ぎる」 「時間がなくなる」	他の仕事を含め，能率的に進める方法について共に考え，助言を与えて安心させる。

経済的不安	
「予算がない」 「損するのではないか」	正確な数字を示し，無理なく可能なこと，損するようなことではないことを分からせる。

能力的不安	
「できそうにない」 「難しそうだ」	同じような類いの仕事を達成していることなどを評価して，励ます。

☆ 説得のノウハウ

　説得の方法には，以下のようなものがありますが，相手の性格や人間関係を考えて適切に活用することが大切です。

- ●話すタイミングも考えてチャンスをつくり，根気よく説得を繰り返す。
- ●一度断られた相手に，どうしても適任者が見つからないからと説明する。
- ●その人に影響力のある代理人に説得してもらう。適切な人選がポイントとなる。
- ●一緒に食事をし，和んだところで説得するなど，説得しやすい環境づくりをする。
- ●相手が困ったときにはできる限り協力するなどと話した上で，相手の希望や条件を聞く。

誰に頼もうかしら……

相手が尊敬している先輩など，人間関係も考えましょう。

Let's Study!
よく出る問題

■適当＝○か不適当＝×か考えてみよう。
□①説得する場合は，相手が反論できないように常に論理的に話していくようにするとよい。
解説：説得とは，相手と議論することではなく，相手がこちらの考えに賛同し，納得して依頼を受けるようにすることである。相手の言い分や感情などにも気を配り，こちらの考えを理解してもらうように話していくことが重要なことである。
解答＝×

4 注意・忠告の仕方

「注意などは，1対1でするのが原則」

注意などを受けるのは，自尊心が傷つけられ誰でも不愉快な感情を抱くものです。それが人のいる前で行われると体面も失うことになり，素直に受け入れられなくなってしまいます。注意は人のいない場所で「1対1」を基本とします。

☆ 注意・忠告するときの心構え

　注意などは相手の行為などを「改めさせる」ために行うものですが，それが善意の注意であっても，注意を受けた方は不愉快に感じるものです。注意をする人は，自分の言うことが正論であっても，それが相手の感情を刺激し，反発を招いて人間関係に悪影響を及ぼすこともあるということを認識した上で，慎重に対応する必要があります。

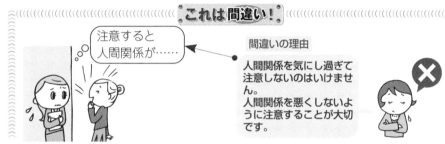

これは 間違い！

注意すると
人間関係が……

間違いの理由

人間関係を気にし過ぎて注意しないのはいけません。
人間関係を悪くしないように注意することが大切です。

☆ 注意・忠告する前に心がけること

　これといった根拠もないのに注意したりすると，それが誤解だと分かって謝罪しても相手に不信感を持たれてしまいます。注意などする前には以下のことに留意して，慎重の上にも慎重を期すようにします。

●事実をよく調べる。	注意などする際は，裏付けになる資料を用意する。
●原因をつかむ。	具体的な解決法を示すためには原因を把握する。
●効果を予測する。	注意した場合の効果を予測して，注意するか見送るかを判断する。
●時と場所を考える。	よいタイミングをつかむこと。注意するときは人のいる場所を避け，1対1でするのが原則。

☆ 注意・忠告するときの注意点

　注意などするときは，相手を傷つけず，相手が前向きに取り組めるように励ましながら話すことが大切です。次の点に留意します。

- ●励ましながら注意する。
- ●納得させるだけの根拠を示す。
- ●どうすればよいか，具体的に方法を示す。
- ●感情的にならず，穏やかに話す。
- ●明確な基準を持って話し，二重基準（ダブルスタンダード）に注意する。
- ●他人と比較する注意をしない。
- ●本来の注意だけにし，注意を追加しない。
- ●相手を追い詰めるような話し方をしない。
- ●愛情をもって誠実に話す。
- ●軽い気持ちではなく本気で真剣に話す。

これは 間違い！

今日こそは，注意しないと!!

間違いの理由

意気込んで話したり，感情的になってはいけません。

☆ 注意・忠告した後の配慮

　注意などした後のフォローも大切です。次の点に留意します。

- ●注意したことにこだわらず，今まで通り接する。
- ●相手に声をかけるなどして，注意による心の痛みを癒すよう配慮する。
- ●注意したことが改善されているかどうかチェックする。
- ●改善されていないときは，タイミングを見計らって再度注意する。

☆ 上司や先輩への進言

　必要があって上司や先輩に進言する場合は，相手が体面を保てるように配慮して話すことが重要です。

　本来，秘書は上司に注意などをする立場にないことをわきまえ，進言であっても提案の形式を取ります。

　「差し出がましいようで申し訳ありませんが」と前置きした上で，「その件につきましては，私の立場からは～と思うのですが」などと話すようにします。自分が下位の者であることを自覚し，下位の立場からこのように思うという姿勢で話すことが大切です。

第4章 マナー・接遇

注意・忠告の受け方

「注意などは最後まで聞き，素直にわびる」

注意などを受けているときに，話を遮って自分の言い分を話してはいけません。たとえ誤解があっても最後まで聞き，まず素直にわびます。その後，言い分があれば，穏やかに話すようにします。

☆ 注意・忠告を受けるときの心構え

注意などを受けると誰でもいい感じはしません。しかし，注意する方も精神的負担を強いられるので，できれば避けたいのが本音なのです。ましてや相手に反感を持たれるかもしれないことを思えば，なおさらでしょう。それを押して注意するのは，相手によくなってほしいという気持ちが働くからです。言い換えれば，注意してもらえるのは，相手から期待されている証拠なのです。育てようという周囲の気持ちを理解し，素直に注意を受け入れる心構えが大切です。

注意などを受ける際には次のようなことに留意します。

● 「何を言われたか」を問題にする。

誰から言われたか，ではなく何を言われたかが問題である。注意が正しいのであれば，誰が言ったかは問題ではないはず。

あの人に
注意される
なんて!!

● 責任を回避しない。

指摘されたことを謙虚に受け止めることが大切。言い訳をしたり，他人に責任を押し付けるような言動は慎まなければならない。

○○さんが……

●感情的にならない。

　感情的になって興奮したり，反感を持ったりしない。また，注意されたことを気にし過ぎて，落ち込んでしまうことがないようにする。

●注意内容を記録しておく。

　同じ注意を何度も受けてはいけない。注意を受けたら記録して反省し，二度と繰り返さないようにする。

先輩の注意は適切だわ……

☆ 注意・忠告の受け方

　注意などを受けるときは，たとえ言い分があっても，相手の話すことを最後まで聞くようにします。また，以下のようなことに留意します。

◆素直にわびる

　注意などを受けたら，「申し訳ございません」と素直にわびます。たとえ注意が相手の勘違いによるものだとしても，その原因は自分にあると考えてわびるようにします。またその際，話の途中で相手の勘違いを指摘してはいけません。注意は最後まで聞き，相手が話し終えてから穏やかに事情を説明します。

◆反抗的にならない

　注意を受けて，開き直ったり，相手をなじったりしてはいけません。自分の欠点を棚に上げ，自分を守ることに終始していると，注意する人はいなくなり，人間関係は壊れてしまいます。

Let's Study!
よく出る問題

■適当＝○か不適当＝×か考えてみよう。

□　注意の内容が，自分には納得がいかないものだったときは，そのことを伝え，注意した先輩の考え方を尋ねるようにしている。

解説：職場の先輩からの注意であるから，職場内で他と比較して悪いと思われるところに対して注意したのだろう。つまり，職場での秘書としてのあるべき姿を教えてくれているのである。そのあるべき姿に基づいて注意しているのに，考え方を聞いても意味がないことである。

解答＝×

第４章 マナー・接遇

6 苦情処理

苦情を言う人の不平や不満を徹底的に聞けば，相手の感情も次第に収まってきます。こちらの説明や弁明は，相手が冷静になったときに，穏やかに話すようにします。

☆ 苦情の捉え方

　秘書には各方面からさまざまな苦情が持ち込まれます。誰でも苦情を受けると不快な気持ちになるものですが，苦情処理を嫌な仕事と考えるのではなく，逆に人間関係を改善するよい機会と捉えることが大切です。

　苦情が寄せられるのは，こちらに何らかの問題点があるからですが，それが適切に解決されれば相手は満足します。

　そして問題がうまく解決されると，これまで以上の信頼関係を築く可能性も出てきます。苦情を処理していくうちに，お互いの事情が詳しく分かってきて，相手もこちらの誠意ある対応に対して評価するだけでなく，感謝さえするようになってくるからです。

苦情に対して
誠実に対応する
大切さが
よく分かりました。

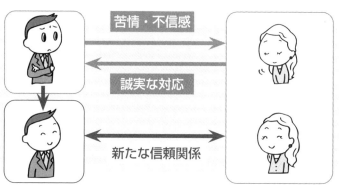

苦情・不信感

誠実な対応

新たな信頼関係

☆ 苦情への対応

◆まず，聞く

　苦情は，終始一貫して誠意をもって聞くことが大切。相手の言い分が勘違いや間違った認識からくるものであっても，とにかく最後まで聞きます。苦情を持ち込む人の不平や不満は，話を聞くことでほぼ解消します。

◆誠意をもって聞く

　苦情を聞く態度に誠意がなければ，相手の反感を買い，新たな苦情に発展します。誠意をもって話を聞き真心で対応することが重要です。

これは 間違い！

苦情を言ってきた人が感情的になっているときは，特に論理的に説明して納得させるようにしています。

間違いの理由

相手が感情的になっているときに，論理を持ち込んだのでは，新たな反感を買うことになります。まず，相手の話を聞き，怒りや不満を受け止めることが大切です。

❌

第4章 マナー・接遇

☆ 潜在的な苦情

　苦情の申し出があった場合は，話を聞いたり説明したりして苦情を処理することができますが，苦情の中には表面に出ない苦情があるということを承知しておく必要があります。つまり，「不満があっても口に出して言わない人もいる」ということです。

　外部だけでなく，会社の中にも不満を持った人たちが数多くいるかもしれません。例えば仕事に非協力的な人，人の話を聞かない人などです。これらの人を問題視するのではなく，態度から潜在的な不平・不満を察知することも大切なことです。秘書は上司と周囲の人たちをつなぐパイプ役としての役割を担っています。不満要因を聞き出して解消していく，内部の「苦情処理」も大切な仕事になるはずです。

7 上手な断り方

Key フレーズ 「断るときには誠意を示して『ノー』と言う」

　相手の依頼を断るときは「はっきりと断る」意思を示すことが重要です。その上で，断られた人が感情を害さないように，思いやりのある誠実な対応を心がけます。

☆「断る」ときのポイント

　断るときは，明確に「ノー」と言わなければなりません。曖昧な言い方をすると，相手は都合のよい解釈をして，期待を抱くかもしれません。そして結果的に「ノー」だと知ったときは，期待しただけに失望も大きくなります。

　以下のことに留意して，相手の感情を害さないように配慮しつつ上手に断ります。

◆「ノー」だと分かる返事をする

　断るときは断る意思がはっきり相手に伝わるように話しますが，相手に対する心遣いも忘れてはいけません。「申し訳ございませんが」などと期待に沿えないことに対するわびの言葉を述べて，相手の気持ちを和らげます。

「考えておきます」	「申し訳ありませんが，いたしかねます」
「検討してみます」	「残念ですが，お引き受けいたしかねます」
「何とかしてみましょう」	「ご期待に沿えず，申し訳ございません」

期待を持たせるような言い方はよくありません。

わびの言葉を添えるのがポイントです。

◆理由や根拠を明らかにする

　断る場合は，「そういうことなら仕方がない」と相手が納得するような理由や事情を話すことがポイントになります。また，できるだけ丁寧に話すように心がけ，誠意をもって対応します。

「私の担当ではないので……」

「よく分からないので……」

「忙しいので……」

こういう言い方では，「担当は誰か」「分かる人を」「忙しくないときは」などと相手は期待をつなぎます。断る理由や根拠を話して断ります。

☆ 断る場合の誠意ある対応

　依頼をしてきた相手との関係を大切にする必要がある場合は，断るにしても，以下のように代案を示すなど，できる限り誠意ある対応をします。

◆代案を示す

　可能であれば代案を示すようにします。代案は相手の要求をある程度満たすことになるので，断る場合よりも抵抗が少なくなります。できるだけ相手の要求に沿うように，一緒になって知恵を出したり，協力する姿勢が大切です。

◆相手の話を積極的に聞く

　最終的に断る場合でも，最初から無関心な態度を取ったり，話を一方的に終わらせることのないように注意します。そのような態度で接すると，相手の感情を害し，結果的に対応に苦しむことになりかねません。最後まで相手の話を聞き，誠意を示す姿勢が大切です。

　よい代案がなくても話を聞くことで，相手は断られたことに対する悪感情を持たないようになります。ただし，相手には「断る」という気持ちに変わりがないことを確実に了解させておく必要があります。

Let's Study!
よく出る問題

■適当＝○か不適当＝×か考えてみよう。（上司（中村部長）に頼み事を断るように指示された相手に対して）

□①相手は頼めるつもりで来たのだから，できるだけ遠回しな言い方で断るのがよい。

□②「以前申し上げましたように，中村はお断りしたい意向でおりますので，ご承知いただけませんでしょうか」

解説：①遠回しに断るということは，はっきり断らないことであり，多少の望みがあると相手に期待を持たせることになる。断るときははっきり断らなければならない。
解答＝×

②「お断りしたい意向であり，ご承知いただきたい」と相手にはっきりと伝える。期待を持たせないようにはっきり断ることが大切である。
解答＝○

第4章 マナー・接遇

1 難易度 ★☆☆☆☆ できないと キビシ〜!! チェック欄

秘書Aの下に新人が配属され，Aが指導することになった。先輩からは，後輩を指導するときは褒めることも必要だと，褒め方について次のように教えられた。中から**不適当**と思われるものを一つ選びなさい。

1）タイミングよく褒める。
2）人の前で褒めるのもよい。
3）事実よりも大げさに褒める。
4）同じことを何度も褒めない。
5）少しでもよいと思ったことは褒める。

2 難易度 ★☆☆☆☆ できないと キビシ〜!! チェック欄

秘書Aは上司から応接室の片付けのことで注意されたが，Aには心当たりがなく上司は人違いをしているらしい。このような場合，Aはどのように対処するのがよいか。次の中から適当と思われるものを一つ選びなさい。

1）まずは謝るが，「自分にはそのような覚えはないので，皆に伝える」と言う。
2）人違いだがAが言われたことなので，上司には謝り他の人には何も言わない。
3）まずは謝るが，「人違いだと思うので，その片付けをした人を確かめてみる」と言う。
4）その場では謝るが，後で片付けをした人を調べてその人に上司のところへ行ってもらう。
5）上司に「以後注意する」と言って謝り，後で片付けに関係する人たちに上司の注意を伝える。

3 難易度 ★★☆☆☆ できないと アヤウイ! チェック欄

秘書Aは秘書課の新人を注意することがある。次は，注意の仕方としてAが考えたことである。中から適当と思われるものを一つ選びなさい。

1) 注意に対して相手が感情的になったときは，注意するのを諦めるようにしようか。
2) 注意をするときは，素直に受け入れてもらうために冗談を交えるようにしようか。
3) 注意したい内容は，事前に秘書課長に伝えて注意してよいかどうかを確認しようか。
4) 注意をしているとき相手が言い訳を始めた場合は，言い訳を先に聞くようにしようか。
5) 注意をした後には，同じことを繰り返さないように注意の内容を文書にして渡そうか。

4 難易度 ★★☆☆☆ できないと アヤウイ! チェック欄

秘書Aは上司（山田部長）から，「取引先から頼まれ事があったが忙しいので今は引き受けられない。来月以降ならできそうだが取りあえず断っておいてもらいたい。自分も後で電話する」と言われた。このような場合，どのように言って断るのがよいか。次の中から<u>不適当</u>と思われるものを一つ選びなさい。

1)「仕事に切りがつかないので，今月はお引き受けできないと山田が申しております」
2)「立て込んでおりまして今はお引き受けできませんが，来月以降ならできそうとのことでございます」
3)「来月以降ならお引き受けできそうだと申しつかりました。後ほど山田からお電話させていただきます」
4)「詳しいことは私には分かりかねますが，取りあえずお断りさせていただきたいと山田が申しております」
5)「後ほど山田からお電話いたしますが，今は時間がないのでお断りさせていただきたいとのことでございます」

第4章 マナー・接遇

部長秘書Aは，上司の指示で新発売の事務機器説明会に行ってきた。次は説明会から戻ったAが，上司に対して順に行ったことである。中から不適当と思われるものを一つ選びなさい。

1）戻ってすぐに，Aが留守にしたことで何か不便はなかったかと尋ねた。
2）どういう会社の人が何人ぐらい来ていたかなど説明会の概況を，感想を交えて説明した。
3）新発売機器のパンフレットを見せて，強調されていた特長を聞いた通りに説明した。
4）会場で出会った数人の取引先の人から，部長によろしくと言われたことを全部伝えた。
5）上司からパンフレットを返されたので，担当者に渡してよいかと確認した。

　兼務秘書Aは，部署を代表して社内の厚生委員会に出席した。委員会では賛成と反対の意見が同数で，結論は出なかった。このような場合，課へ戻って課長にどのように報告するのがよいか。次の中から，報告の仕方として不適当と思われるものを一つ選びなさい。

1）結論が出ていないと言ってから，議題に対して賛成と反対が同数だったと話す。
2）委員会の経過と，賛成と反対の主な意見を話してから，結局何も決まらなかったと話す。
3）結局は決まらなかったと言ってから，委員の出席状況と次回の委員会の開催予定を話す。
4）決まらなかったと言ってから主な意見を話し，分かりにくいところはなかったかを尋ねる。
5）いろいろな意見が出てまとまらなかったと言ってから，部署としての意見を述べてきたと話す。

1＝3）褒めるのは，仕事へのモチベーションが上がるなどの効果を期待してのこと。が，大げさに褒められれば本人としてはきまりが悪く逆効果なので不適当ということである。

2＝5）応接室の管理は来客の接待をする人全員でしているのだから，片付けの責任も全員ということになる。従って，人違いで注意されたとしても上司には謝り，後で関係する人たちに伝えるという対処が適当ということである。

3＝4）注意をしているときに相手が言い訳を始めた場合，それを先に聞くことで事情が分かったり相手が心を開いたりするので，注意の効果が上がることもある。従って，注意の仕方として適当ということである。

4＝4）頼まれ事を断るのだからそれなりの理由を言うのが筋。上司は理由を言っていて来月以降ならできそうとも言っているのに，私には分かりかねる，取りあえずお断りなどは，断り方として不適当ということである。

5＝2）この場合の説明とは，説明会がどういうものであったかの事実を上司に伝えること。概況を伝えたのはよいが，感想とはＡの個人的な思いなのだから，感想を交えて説明したなどは不適当ということである。

6＝2）報告の仕方は，まず結論を話し，その後必要に応じて経過などを話すのが基本である。2）は何も決まらなかったと結論を後にしている。順序が逆なので不適当ということである。

合否自己診断の目安

正解率60％以上を合格の目安としてください。ここでは，6問出題したので，4問以上の正解でクリアです。

2　話し方・聞き方の応用	6問中　　　問正解 ●正解率＝　　　　％

ここの問題は，少し易しかったので，全問正解の人もかなりいるのではないでしょうか。簡単な問題は，確実に取るようにしましょう。

電話応対と接遇

電話応対の基本

■これだけは押さえておきたい■
Key フレーズ 「電話が遠いときは，まずそのことを告げる」

電話が遠くて，よく聞き取れないときは相手にそのことを告げます。何度も聞き返したりするのは失礼になりますし，声だけが頼りの電話をそういう状態で使っていると，聞き間違いのもとになります。

☆ 電話の特性

ビジネスに電話は欠くことができない通信手段です。電話が持つ特性をよく理解して活用することが大切です。

◆即時性がある便利な道具

ビジネスの世界では時間が勝負ということが数多くあります。手紙と違い，電話には即時性があるので，ビジネスでは欠くことができない道具になります。

◆声だけのやりとりであることを自覚する

電話による情報のやりとりは音声で行います。そのため話す方は，相手が聞き間違えないように，分かりやすい言葉を用いてはっきり発音し，話が正確に伝わるように心がける必要があります。

相手に複雑な説明をする必要があるときは，直接会って話すか文書で説明するようにし，電話では取りあえず要点のみを簡潔に話すようにします。

また，電話では，相手の話す言葉が聞き取りにくいことがあります。相手は，聞き手の表情が見えないので，聞き取りにくいことが分からず話を続けますが，支障が出る前にそのことを相手に伝えなければなりません。

Let's Study!
よく出る問題

■適当＝○か不適当＝×か考えてみよう。
□①電話をして，相手が不在だったとき，電話に出た人に「代理の者ではどうか」と言われたので，「私どものことをよくご存じの方をお願いします」と話した。
□②話す内容が複雑なときは，相手にメモを取らなくてよいかを確かめてから，話すようにしている。
解説：①用件が処理できればよいことだから，特別なことでなければ，代理の者でもよいことになる。「私どものことをよくご存じの方」というのは関係ないことである。
解答＝×
②話す内容が複雑なときは，そのことを相手に言うのはよい。しかし，メモを取らなくてよいかなど，こちらが相手に言うことではない。
解答＝×

◆かけた方が通話料を負担をしている

　フリーダイヤル以外，一般の電話の通話料はかけた方が負担することになります。取り次ぎに時間がかかりそうな場合や，話が長引きそうな場合などは，相手にそのことを伝え，こちらから改めて電話をかけ直すなどの配慮が求められます。

☆ 聞き取りにくい電話への対応

　電話で，相手の話がよく聞き取れなくなることがあります。相手の声が低かったり，小さかったりして原因が話し手にある場合もありますが，電話機や通信システムの調子が悪い場合もあります。特に携帯電話などは電波の状態でよく聞こえなくなるときがあります。

　聞き取りにくい場合は，次のような対応を取ります。

◆聞き取りにくいことを相手に伝える

　「少々お電話が遠いようですが」などと言って，相手に聞き取りにくいことを伝えます。「大きな声でお願いします」と言うことは慎まなくてはいけません。大きな声で話せない内容もありますし，周囲に配慮して大声が出せない場所もあります。

◆時間をおいてからかけ直す

　電話を受けたときに周囲が騒がしく聞き取りにくい場合は，時間をおいてこちらからかけ直すように申し出ます。

◆電話機を変えてかけ直す

　使用している電話機の不調も考えられるので，別の電話機でかけ直してみます。

◆こちらも声を落として話してみる

　「電話が遠くてよく聞き取れないのですが……」と，小さな声で話すと，相手は声を大きくしてくれるものです。

第４章　マナー・接遇

恐れ入りますが，お声が遠くて聞き取りにくいのですが……

このように，聞き取りにくいことを相手に伝えることが大切です。相手が携帯電話などで，電波の状態が悪いなど，原因がはっきりしている場合は，相手が適切な対応をすることになります。

2 電話応対の実際

Key フレーズ 「上司不在のときは相手と用件をメモする」

　上司が不在のときには，相手の会社名，氏名，用件を聞き，メモにして残しておきます。また，用件を聞いたときは復唱して確認し，相手に自分の名前を伝えます。上司が帰社したら，電話があったことや用件を確実に伝えます。

☆ 上司への取り次ぎ

　秘書の電話応対は，上司にかかってくる電話の取り次ぎ業務が主なものとなります。秘書の仕事は，「電話を受けてから上司に取り次ぐまで」ということになりますが，適切な接遇用語を用い，状況に応じた適切な対応をすることが求められます。

　次のような応対は取り次ぎの基本となるのでしっかりマスターしておきます。

①相手と用件を確かめる。　　　　➡　②上司に相手と用件を伝える。
　複数の上司についているとき　　　　　用件は要領よく伝える。
　は取り次ぐ上司も確認する。

> ○○の件でございますね。
> かしこまりました。
> ただいま○○（上司）と代わりますので，
> 少々，お待ちくださいませ。

> ○○社の
> ○○部長から
> ○○の件で
> お電話です。

●相手を長く待たせるときは，
　途中で声をかける。

長くなりそうなので，
こちらから
おかけするように
いたしましょうか。
それとも，
このままお待ち願えますか。

●伝言を受けたときは復唱し，
　自分の名前を伝える。

……ということで
ございますね。
かしこまりました。
私は秘書の○○と申します。
確かに申し伝えます。

☆ 上司が不在の際の電話応対

上司が不在のときは，次の要領で応対します。

●上司の不在を告げ，伝言を
　聞いて，メモしておく。

ただ今，あいにく
○○（上司）は
外出しておりますが……
よろしければ，ご用件を
お伺いいたしますが。

●帰社時刻を尋ねられたら，
　はっきりと時間を告げる。

○時ごろ戻る予定
ですが，いかがい
たしましょうか。

➡ ●上司が帰社したら，電話があ
　ったことや伝言を伝える。

3 約束のない客への対応

Key フレーズ 「『あいさつに来た客』は極力会えるように手配する」

あいさつに来た客の用件は儀礼的なものなので，できるだけ上司と会わせるように手配します。上司が不在の場合は，代理の者を立てます。また，あいさつの客はアポイントメントを取らないのが通例になっています。

☆ 面会約束のない客への対応

面会の約束のことをアポイントメント（略してアポ）といいますが，アポイントメントのない客（不意の来客）に対してもケースに応じた対応の仕方を知り，適切な応対をすることが求められます。

◆ケース別アポなし客への対応

不意の来客のケース別基本対応は下図のようになりますが，ここでは，「転任のあいさつ」「寄付・広告」のケースについて取り上げます。

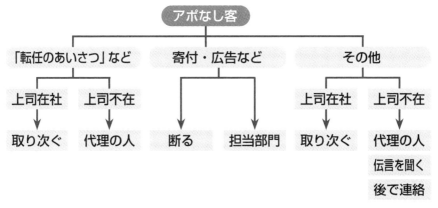

アポなし客

| 「転任のあいさつ」など | 寄付・広告など | その他 |

| 上司在社 | 上司不在 | | | 上司在社 | 上司不在 |

取り次ぐ　代理の人　断る　担当部門　取り次ぐ　代理の人
伝言を聞く
後で連絡

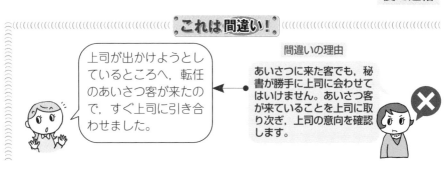

これは 間違い！

上司が出かけようとしているところへ，転任のあいさつ客が来たので，すぐ上司に引き合わせました。

間違いの理由

あいさつに来た客でも，秘書が勝手に上司に会わせてはいけません。あいさつ客が来ていることを上司に取り次ぎ，上司の意向を確認します。

◆転任，就任のあいさつ客の場合

　取引先の転任や就任のあいさつ，新年のあいさつは儀礼的なもので，短時間で終わります。従って，できるだけ上司と会えるように手配します。上司が不在の場合は代理の人を紹介します。

●上司不在の場合

もしお差し支えなければ……

「もしお差し支えなければ，代理の○○がお話を伺い，○○（上司）には帰社後伝えるということで，いかがでございましょうか」と申し出る。

●予約客とぶつかった場合

少々お待ちください。

あいさつ客に「少々お待ちください」と言ってから，予約客を応接室に通し，事情を説明して待ってもらい，あいさつに来た客を先に取り次ぐ。

◆招かれざる客が来社した場合

　寄付の申し込みや広告の掲載を求めるなど，歓迎しない客が来訪することも少なくありません。その際，秘書は相手を怒らせないよう上手に断る必要がありますが，「上司が不在」という理由では，相手にまた来る口実を与えます。そういうときの対処法を上司との間で決めておくとよいでしょう。

　また，会社に寄付や広告などを担当する部門がある場合は，上司に面会を求めてきた場合でも，担当部門に回ってもらうようにします。

そういうときには，こうしよう。

はい，かしこまりました。

4 上司が不在・多忙時の対応

■これだけは押さえておきたい■
Key フレーズ 「上司不在のときは，来客の意向を聞く」

上司が不在のときに不意の来客（アポなしの客）があったときは，相手にそのことを告げて「代行者でよいか」，「伝言をするか」，「後で連絡するか」の三つの中から選んでもらいます。上司が多忙で会えない場合も同様の対応をします。

☆ 上司が不在のときの基本対応

上司が不在中にアポイントメントのない客（アポなしの客）が来訪した場合の対応は，以下の三つです。どれを選ぶかは，相手の意向に従います。

●上司の不在を告げる。
●相手の意向を聞く。
　「代理の者でもよいか」
　「上司に伝言を伝えるか」
　「後でこちらから連絡するか」

いかがいたしましょうか。

> 相手の意向に沿う

●代行者を立てる。

では，○○が代わりに 承 ります。

●伝言を聞く。

下記のようなことを聞きます。

・名前
・会社名
・伝言内容
・次回の面会希望時間

●後で連絡する。

せっかくお運びいただきましたのに，失礼いたしました。

☆ 上司が取り込み中のときの対応

　上司が取り込み中に不意の来客があった場合は，次のような対応をします。

●**会社名，名前，用件と希望する所要面会時間を尋ねる。**
●**相手に上司が忙しいことを告げ，会うことができないかもしれないと話しておく。**
●**上司の意向を尋ねる。**
●**時間がなくて会えないときは，やはり都合がつかないことを告げてわびる。**
●**「上司が不在中の基本対応」の中からどれかを相手に選んでもらう。**

あいにく，○○（上司）は取り込み中でお目にかかれないかもしれませんが……

☆ 上司が約束に遅れる場合

　約束の時間に来客が訪れたのに，上司がまだ外出先から戻っていない場合，秘書は機転の利いた対応をしなければなりません。

◆30分以内の遅れの場合

　上司の帰社時刻が30分以内の遅れの場合には，できる限り待ってもらえるように申し出ます。

　「○○（上司）の戻りが遅れておりまして，あと○○分ほどかかりそうです。お忙しいところ誠に申し訳ございませんが，何とかお待ち願えないでしょうか」などと，お願いします。

◆30分以上遅くなる場合

　30分以上遅れそうなときには，交通渋滞や急用など遅れる理由（話すと支障がある場合は本当の理由は告げず「急用」にする）や到着時間を伝え，「いかがいたしましょうか」と相手の意向を尋ねます。相手が帰る場合は「せっかくお運びいただきましたのに，失礼いたしました」と丁寧に謝るようにします。用件によっては「上司が不在のときの基本対応」のどれかで対処します。

◆その他の理由で遅れる場合

　前の面談や会議が長引いて遅くなりそうなときは，上司にメモで予約客が来ていることを伝え，指示を仰ぎます。

第4章 マナー・接遇

5 紹介状を持っている客への対応

「紹介状を持っている人は上司に取り次ぐ」

一般に，紹介される人が相手方を訪問する場合は，紹介した人からあらかじめ電話連絡があるのが普通です。しかし，事前連絡がなかった場合でも，必ず上司に取り次ぎ，判断を仰ぐようにします。

☆ 紹介状を持っている客への対応

紹介状を持っている来客の場合，次の二つのケースによって対応が異なります。

一つは，紹介者から事前に連絡があり，上司が会うことを了承している場合です。もう一つは，事前連絡がない場合です。

◆事前連絡がある場合

紹介者から事前連絡があり，上司が会うことを了承しているときは，次のような手順を踏みます。

①「○○様からご連絡をいただき，お待ちしておりました」などとあいさつをし，相手から紹介状を受け取る。

②「少々お待ちください」と話し，上司に取り次ぐ。

③上司の都合がよければ，すぐに案内する。

◆事前連絡がない場合

紹介者から事前連絡がない場合は，次のような手順や注意事項を心得ておきます。

①相手が誰かを確認し，紹介状を受け取る。

②「少々お待ちください」と話し，上司に取り次ぐ。

③上司の意向を聞き，相手に伝える。

●事前連絡がない場合は，すぐには上司の時間が取れない場合がある。

●確認の意味で，紹介者に電話を入れることがある。

Let's Study!
よく出る問題

■適当＝○か不適当＝×か考えてみよう。

□ 予約のない客だが，紹介を受けて来たと言う。紹介状を求めたら，紹介文が書いてある名刺を出したので，正式な紹介状はないのかと尋ねた。

解説：紹介状は，一般的には，被紹介者の履歴，希望などが記された書面を封筒に入れたものである。しかし，上位の者が下位の者宛てに紹介する場合は名刺の裏などに紹介文を書くことが多い。名刺の裏に書いてあるということは上司よりも格上の人が紹介していることになる。「正式な紹介状はないのか」などと言うべきことではない。

解答＝×

◆上司が会えないときの対応

　紹介者から事前に連絡がなく，上司が会議や面談などで時間が取れない場合は，理由を話して丁重に断り，後で連絡するか，代行者に会うかなど相手の意向を確かめます。

☆ 紹介するときのマナー

　対面して人を紹介する場合，社会的慣習として次のようなマナーがあります。秘書として心得ておきましょう。

地位の上下がある場合	先に地位の低い人を，上位の人に紹介する。社会的地位の差は，年齢・性別に関係なく優先される。
年齢差がある場合	先に年齢の若い人を，年上の人に紹介する。
地位・年齢が同様なとき	先に自分と親しい人を紹介する。
紹介してもらいたい人と受ける人の場合	先に紹介してほしいと望んでいる人を，受ける人に紹介する。
一人を大勢に紹介する	先に一人を紹介し，後で各人をその人に紹介する。

これは間違い！

紹介状を持っているお客さまの場合は，確認のために紹介状の中を確認しています。

間違いの理由

紹介状は秘書が受け取り，そのまま上司に渡します。秘書は紹介状の中身を読む立場にはありません。

Let's Study!
よく出る問題

■適当＝○か不適当＝×か考えてみよう。
□ 秘書Aの下に配属された新人のB（松本和子）をAが取引先に紹介するとき「今年入社しまして，私の下に配属されました松本和子です。よろしくお願いします」と紹介した。
解説：秘書Aの下に配属されたのは会社の組織上の配置である。しかし社外から見ればBはAと一緒に仕事をする人である。従って，社外には「…一緒に仕事をすることになった松本和子」と紹介するのがよい。解答＝×

第４章 マナー・接遇

6 席次・接待・見送りの知識

「お客様は上座のソファー席に案内する」

お客様を応接室に通す場合は，上座のソファー席に座ってもらうように案内します。ソファー席がない場合は，入り口から遠い側が上座になります。また，お茶を出す場合は，上座の最上席から順に出すようにします。

☆ 上座・下座と席次を知る

席次は上位の人が上座（かみざ）に座り，下位の人が下座（しもざ）に座るのがマナーで，上座も最上席から順に席次が決まっています。

また，応接室だけでなく，車や列車にも席次があるので，正しい席次を知っておきます。

◆応接室の上座と下座

来客を応接室に案内したときは，上座に座ってもらうようにします。通常，上座はソファー席で，ドアから遠い位置が最上席になります。

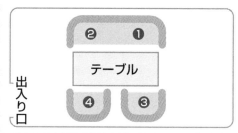

⬆ 応接室の上座と下座。

◆運転手付きの車の席次

運転手がいる場合は，①運転手の後ろの席，②助手席の後ろの席，③助手席の順。ただし，後部座席に中央席がある場合は，そこが③の席次になり，助手席は④になります。

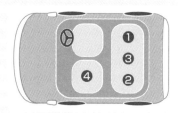

⬆ 中央席がある場合。

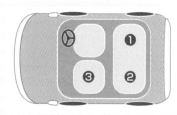

⬆ 中央席がない場合。

◆オーナードライバーの車の席次

　車の持ち主（オーナードライバー）が運転する場合は，①助手席，②運転席の後ろの席，③助手席の後ろの席，④後部座席の中央席の順になります。

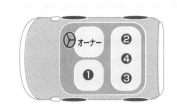

🔼 オーナードライバーの席次。

◆列車の席次

　4席が2席ずつ対面する場合は，①進行方向の窓側席，②進行方向を背にした窓側席，③進行方向の通路側，④進行方向を背にした通路側の順になります。

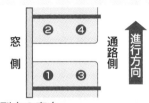

🔼 列車の席次。

◆飛行機の席次

　3席並ぶ場合の席次は，①窓側の席，②通路側の席，③中央の席の順になります。

☆ 茶菓接待のマナーと見送りのマナー

　茶菓接待の順番や見送りのマナーを心得ておきます。

◆茶菓接待のマナー

　応接室に入るときには，必ずノックをしてから入ります。お茶を出すときは上座の客から順に，「どうぞ」と言葉を添えて出すようにします。用談が始まって資料などがテーブルに広げてあるときは，邪魔にならないように置く配慮が求められます。テーブルに置く場所がない場合は，一言声をかけて置くスペースを設けてもらうようにします。

◆見送りのマナー

　次の要領で来客を見送ります。

●自席で見送る場合は，立ち上がり一礼する。
●エレベーターまで見送る場合は，来客がエレベーターに乗るとき一礼し，ドアが閉まるまで待つ。
●車の所まで行って見送る場合は，荷物があれば運び入れ，一礼して車が走り去るまで待つ。

失礼いたしました。

7 接遇用語の使い方

Key フレーズ 「『おっしゃってください』は接遇用語では避ける」

接遇用語は微妙な響きに注意します。「会社名をおっしゃってください」には命令的な響きがあるため、「会社名を教えていただけますか」のように、来客に対してはより丁寧な言い方を心がけます。

☆ 受付での接遇用語 *マスターしたらチェックしよう

次は受付でよく用いられる接遇用語です。基本的な用語ばかりなのでしっかりマスターしましょう。

□ いらっしゃいませ。

□ お約束でしょうか。

□ お待ちしておりました。

□ 失礼ですが，どちらさまでいらっしゃいますか。

□ 失礼ですが，どのようなご用件でしょうか。

□ 私どもの誰をお呼びいたしましょうか。

□ 担当の者の名前はお分かりでしょうか。

□ かしこまりました。

□ お待ちくださいませ。

□ 少々お待ちいただけますか。

□ ただいますぐ参ります。

Let's Study! よく出る問題

■適当＝〇か不適当＝×か考えてみよう。

□①誰を訪ねて来たのかと聞くとき、「私どものどなたをお訪ねでいらっしゃいますか」

□②近々来る予定があるか尋ねるとき、「近々こちらに参られるご予定がおありでしょうか」

□③わざわざ来てもらったことに礼を言うとき、「ご足労をおかけいたしましてありがとうございました」

解説：①どなたを→誰を ②参られる→いらっしゃる ③ありがとうございました→申し訳ございません

解答①＝×，②＝×，③＝×

これは間違い！

予約のないお客さまが，上司に面会を求めて来訪されたときは，「お会いするかどうか聞いて参りますので少々お待ちくださいませ」と言っています。

間違いの理由

「お会いするかどうか」は間違いです。「お会いできるかどうか」が適切な接遇用語です。

☆ 案内の接遇用語 *マスターしたらチェックしよう

　以下は、来客を応接室などに案内するときの接遇用語です。言葉だけでなく笑顔で対応し、さりげなく身ぶりやしぐさなどを入れると感じがよく、洗練された案内になります。

こちらへどうぞ

☐ お待たせいたしました。

☐ ご案内いたします。

☐ どうぞ。

☐ どうぞそのままお上がりください。

☐ こちらでございます。

☐ 失礼いたします。

☐ こちらにおかけになってお待ちくださいませ。

☆ その他の接遇用語 *マスターしたらチェックしよう

　次のような接遇用語もマスターし、いろいろと応用できるようにしておきましょう。

☐ お手数ですが、〜いただけますか。

☐ 恐れ入りますが、〜いただけますか。

☐ お忙しいところ恐縮ですが、〜

☐ いかがいたしましょうか。

☐ いかがでしょうか。

☐ 〜に申し伝えます。

☐ 〜いただけませんか。

○○は電話が済み次第すぐ参りますので、恐れ入りますが、もう少々、お待ちいただけますか。

Let's Study!
よく出る問題

■適当＝○か不適当＝×か考えてみよう。

☐①その件は上司（山田）から聞いていると言うとき、「その件でしたら、山田から承っております」

☐②その件について、上司（山本）は既に知っているだろうかと言うとき、「その件につきまして、山本は既にご存じでしょうか」

☐③資料を持って行くか聞くとき、「資料をご持参になりますか」

解説：①承って→聞いて②ご存じ→存じております　③ご持参に→お持ちに（持参は謙譲語）

解答①＝×、②×　③＝×

第4章 マナー・接遇

1 難易度 ★☆☆☆☆ できないと キビシ～!! チェック欄

　秘書Aの上司（山田部長）が出張中に，不意の来客があった。次はそのとき応対したAが順に言ったことである。中から言葉遣いが<u>不適当</u>と思われるものを一つ選びなさい。

1)「申し訳ございません。山田はあいにく出張いたしております」
2)「明後日に戻る予定でございますが，お急ぎでしょうか」
3)「よろしければ代理の者を呼んでまいりますが，いかがいたしましょうか」
4)「お待たせいたしました。課長の鈴木がお話をお承りになるとのことでございます」
5)「ただ今参りますので，こちらにおかけになってお待ちくださいませ」

2 難易度 ★★☆☆☆ できないと アヤウイ! チェック欄

　秘書A（斉藤）の上司（山田企画部長）のところに取引先の河村氏が来訪した。早速Aがお茶を出すために応接室に行くと，河村氏は気さくな人らしくAに名刺を出してあいさつをしてきた。このような場合，Aはどのように対応するのがよいか。次の中から適当と思われるものを一つ選びなさい。

1)「斉藤と申します。よろしくお願いいたします」とあいさつをしながら名刺を受け取る。
2) 上司に「頂いてよろしいのでしょうか」と許可を得てから，名刺を受け取りあいさつする。
3)「お茶を出しに来ただけでございますので，お気遣いは不要でございます」と言って，名刺は受け取らない。
4) 河村氏は上司のところに来た客なのだから，「山田ともどもよろしくお願いいたします」と言って名刺を受け取る。
5)「名刺を持ち合わせておりませんので，お帰りの際に改めてごあいさつさせていただきます」と言って名刺は受け取らない。

3 　難易度 ★★☆☆☆ 　 できないと アヤウイ! 　　チェック欄

　次は秘書Ａが電話応対のときに心がけていることである。中から<u>不適当</u>と思われるものを一つ選びなさい。

1) 話す内容が複雑なときは，相手にメモを取らなくてよいかを確かめてから話すようにしている。
2) 伝言を受けたときは内容を復唱し，自分の名前を名乗って確かに伝えると言うようにしている。
3) 待ってもらう時間が長くなりそうなときは，こちらからかけ直すと言って切るようにしている。
4) 間違い電話がかかってきたときは，間違いのようだと言ってこちらの番号を言ってあげるようにしている。
5) こちらからかけた電話が途中で切れてしまったときは，原因が相手のミスであってもこちらからかけ直すようにしている。

4 　難易度 ★★★☆☆ 　できて ひとまずホッ!! 　　チェック欄

　次は秘書Ａが，受付業務を担当するときに行っていることである。中から<u>不適当</u>と思われるものを一つ選びなさい。

1) 不意の客が名前しか言わないときは，会社名や用件が分からないと取り次げないと言っている。
2) 予約客であっても初めての客のときは，取り次ぐ前にできれば名刺をもらえないかと言っている。
3) 受付の方に歩いてくる客の姿が見えたら，顔見知りであってもそうでなくてもすぐに立ち上がっている。
4) 以前来た客で名前が分かっているときは，こちらから先に「○○様でいらっしゃいますね」と言っている。
5) 顔見知りの客であっても予約がないときは，すぐには取り次がず名指しの相手に連絡して会うか尋ねている。

第4章 マナー・接遇

秘書Aは上司から,「R社のK部長を訪問したいので予約してもらいたい」と言われた。AがK部長秘書に電話すると,確認してから連絡すると言われたが,今日のAは席を外すことが多い。このような場合,K部長秘書にどのように言うのがよいか。次の中から不適当と思われるものを一つ選びなさい。

1) 私が席を外しておりましたら,○○という者にお言付けいただけますか。
2) 本日は席を外すことがございますので,明日こちらからお電話させていただきます。
3) 私が席を外しておりましたら,分かるようにしておきますので電話に出た者にお伝えいただけますか。
4) 私が不在では申し訳ありませんので,おかけいただくお時間を決めさせていただいてよろしいでしょうか。
5) 私はこの後席を外してしまいますので,お電話を頂けるのでしたら夕方4時以降にお願いできますでしょうか。

秘書Aの上司は,取引先のW氏と応接室で面談中である。そこへW氏の会社から,「急用があるので電話口まで呼んでもらえないか」と電話が入った。このような場合,Aは応接室に行ってどのように対応するのがよいか。次の中から適当と思われるものを一つ選びなさい。

1) 上司にも聞こえるように,「W氏に会社から急用の電話が入っている」と伝える。
2) 上司に,「W氏に会社から急用の電話が入っているがどうしたらよいか」と口頭で尋ねる。
3) W氏に,「急用の電話が入っているが後で連絡するということでよいか」とメモで尋ねる。
4) 上司に「面談を中断してもらいたい」と言ってから,W氏には「急用の電話が入っている」とだけ伝える。
5) 上司に,「W氏に会社から急用の電話が入っているが取り次いでよいか」と書いたメモを見せて指示を待つ。

1＝4）「お承りになる」が不適当。「承る（謙譲語）」に「お～になる（尊敬語）」を加えたこのような言い方はない。この場合，「承る」「伺う」などが適切になる。

2＝1）名刺はAに出されたものだから，名刺を持ち合わせていなくても名乗って受け取るのがよい。従って，1）の対応が適当ということである。

3＝1）話す内容が複雑なときは，繰り返すとか念を押すなどの言い方をするのがよい。メモが必要だと思っても，取らなくてよいかを確かめるなどは，失礼で不適当ということである。

4＝1）不意の客が名前しか言わないときは，会社名や用件を尋ねないといけない。それをせずに，最初から取り次げないと言うなどは不適当ということである。

5＝4）電話をもらう場合，席を外すことが多ければ在席している時間帯を言うなどがよい。が，時間を決めさせてもらうというのは，相手の都合への配慮に欠けていて不適当ということである。

6＝1）上司と面談中のW氏に会社から急用の電話が入った。急用というのだから，W氏にはすぐに伝えないといけない。伝え方は上司にも事情が分かる方がよいので，二人に聞こえるように伝えるのが適当ということである。

合否自己診断の目安

　　正解率60％以上を合格の目安としてください。ここでは，6問出題したので，4問以上の正解でクリアです。

| 3　電話応対と接遇 | 6問中 □ 問正解 ●正解率＝ □ ％ |

ここでは，難問も少なかったので，4問はクリアできたでしょう。しかし，60％をクリアすればよいと安易に考えないで，常に全問正解を目標にしてチャレンジしましょう。さあ，次は，第4章最後のセクションです。

SECTION 4 交際

Lesson 1 慶事の対応

■これだけは押さえておきたい■
Key フレーズ 「慶事では礼服に準じたスーツなどを着用する」

招待客としてではなく，秘書として出席することを自覚して，慶事ではスーツなどの準礼服を着用します。会場から職場に戻って仕事をすることも考慮に入れるのが，秘書としての心得です。

☆ 慶事の庶務

祝い事（慶事）には，祝賀行事，賀寿，昇進，就任，結婚などがありますが，上司や会社が主催する祝賀会などでは，秘書が会の準備や進行，接待などを担当するようになります。

慶事での秘書の業務には以下のようなものがあります。

●お祝いの品を贈る。

⬆ 直接届ける場合は，吉日の午前中がよい。

●招待状の返事を書く。

⬆ なるべく早く出す。お祝いの言葉を一言添える。

これは間違い！

モーニングは，文字通り午前中に男性が着用する礼装だと思います。

間違いの理由

● モーニングは，午前だけでなく昼間も着用する男性の礼服です。

●祝電を打つ。

祝電を
お願いします

⬆ 場所や氏名を確認。「祝電」扱いや「日時指定」にする。

●上司の代理で出席する。

⬆ 服装や態度，言葉遣いに注意する。

☆ 慶事の服装に関する知識

　招待客としてではなく，秘書として出席する場合の装いは，礼服に準じた服装にします。少し改まったスーツやワンピース，胸に花を飾る程度にし，後で職場に戻って仕事をすることも考慮します。

　また慶事の服装に関しては，上司からアドバイスを求められることもあるため，以下のような男性の装いについても基本知識として身に付けておくことが大切です。

第4章 マナー・接遇

●略式の服装	ダークスーツ（ダークグレー，ダークブルーの無地か縞でもよい），ブラックスーツ。スーツ以外に着用するものはモーニングの場合と同様。
●午前および昼の服装	モーニング着用。ネクタイはシルバーグレーか白の無地，またはストライプ。ワイシャツ，手袋は白。靴下，靴は黒。
●日没後，夜間の服装	燕尾服，タキシード。ネクタイは燕尾服の場合は白。タキシードの場合は黒のちょうネクタイ。靴下は黒。靴は黒のエナメル。ハンカチーフと手袋は白。
●和装の場合	黒羽二重の羽織袴。染め抜きの五つ紋か三つ紋。着物は縞物でもよい。

パーティー・会食の知識

「『平服』とは男性はダークスーツ，女性はスーツ」

「平服でお越しください」とは，カジュアルな普段着という意味ではありません。男性はダークスーツ，女性はスーツかワンピースを着用します。また，パーティー会場の入り口で渡されるウイスキーの水割りやジュースは，ウエルカムドリンクといわれるもので，開会までの時間つぶしのもてなしです。

☆ パーティーにおける秘書の役割

　秘書は，上司の指示でパーティーを企画したり準備を担当することがあります。パーティーの形式やもてなし方，マナーなどに関する正しい知識を身に付け，会社や上司の意向が生かされるようにパーティーを企画します。

　また，秘書はパーティー会場でも人間関係の潤滑油となる役割を担っています。多くの人に笑顔で話しかけたり，上司と関係者の話を取り持つなどして，招待客が気持ちよく過ごせるような雰囲気づくりに努めます。

☆ パーティーの種類と形式

　中級秘書ともなると上司とともにパーティーに出席する機会もあります。そのようなときのためにも，次のようなパーティーに関する種類や形式を知っておく必要があります。

◆パーティーの種類

　主に個人主催の祝い事と企業主催の記念行事に分けられます。

●個人のパーティー　　誕生，入学，成人，婚約，
　　　　　　　　　　　結婚，叙勲，賀寿など。

●企業のパーティー　　創立記念，新社屋落成，
　　　　　　　　　　　就任披露，賀詞交換会，
　　　　　　　　　　　新事業発表会，忘年会
　　　　　　　　　　　など。

◆パーティーの形式

　パーティーといっても，正式なディナー・パーティー(晩餐会)から立食形式のものなど，さまざまなものがあります。

●ディナー・パーティー

⬆ 正式な晩餐会で，フルコースの食事が出される。服装も指定され，席次も決まっている。

●ランチョン・パーティー

⬆ 正式な昼食会で正午から午後2時ごろまで。メインディッシュは魚料理か肉料理を選ぶ。

●カクテル・パーティー

⬆ 飲酒会。夕刻から始めて1～2時間で終了。食事は軽食。指定時間内なら入出自由。

●カクテル・ビュッフェ

⬆ カクテル・パーティーに食事が加わったもの。立食形式で格式ばったところがない。

☆ パーティーの服装

　パーティーの形式や開始時刻，格式などを考慮して決めます。ただし，招待状に指定がある場合にはそれに従います。

●フォーマル	男性はタキシードにブラックタイ，女性はイブニングドレスなど。
●インフォーマル	男性はダークスーツ，女性はワンピースやスーツなど。

3 弔事への対応

「供花・供物は通夜の前日までに届ける」

供花や供物は祭壇に供えるものなので，通夜に間に合うように。できれば前日に届けるようにします。また，先方が供花や供物を断るケースも多いので，事前に確認することが大切です。

☆ 訃報を受けた場合の対応

関係者の訃報を知ったとき，秘書が確認しておく項目は次のようなものです。これらの情報を確認したら，直ちに上司に報告し，以後の対応について打ち合わせをします。

● 逝去の日時。

● 喪主の氏名（故人との関係），住所，電話番号。

● 葬儀の形式（宗教など）。

● 経緯と死因。

● 通夜，葬儀・告別式の日時と場所。

弔事のときの情報収集チェックリストを作っておきます。

☆ 上司の家族の訃報

上司の家族が亡くなると，しばらくの間，上司は会社を休むことになります。秘書は葬儀の手伝いのほか，その間の業務処理をどのようにするか，上司や上司の部下などと打ち合わせておく必要があります。

● 社内の連絡　　　　　　上司の関係者へ葬儀の通知をする。

● 葬儀の手伝い　　　　　家族の責任者の指示に従って受付などを手伝う。

● 休み中の打ち合わせ　　上司の休み中の業務に関して部下（秘書課長や上司の代行者）などと打ち合わせる。

☆ 弔事への対応

弔事は，通夜，葬儀・告別式と執り行われ，神式と仏式では，葬儀に引き続き告別式が行われます。

◆通夜

故人の家族や親しい人が棺の前で一晩過ごすのが通夜です。故人との関係が深かった場合は，通夜に参列します。

◆葬儀と告別式

葬儀は仏式，神式，キリスト教式など，故人が信仰していた宗教に基づいて行われます。仏式と神式では葬儀の後に故人との別れをしのぶ告別式が行われます。故人との関係が深い場合は，霊前に供物を届けたりしますが，そうでないときは告別式だけに参列します。告別式は下記の要領で行われます。

① 向かって右に遺族と親族，左に葬儀委員長，関係者，知人が着席。

② 僧侶の読経。

③ 会葬者の焼香。

④ 僧侶退場。

◆供花・供物

供物は祭壇に供えるものなので，通夜か葬儀に間に合うように手配します。また，宗教によって異なるので注意します。

●仏教	生花・花輪・果物・茶など。
●神道	生花・果物・酒・魚・榊など。
●キリスト教	白系統の生花など。

◆香典の手配と上書き

香典の上書きは，宗教が不明な場合は「御霊前」とし参列に出かける前までに用意します。

●仏教	御香典，御香料，御霊前。
●神道	御榊料，御玉串料，御霊前。
●キリスト教	御花料，御霊前。

Let's Study!
よく出る問題

■適当＝〇か不適当＝×か考えてみよう。

□①弔辞とは，死者の家族を訪ねて悔やみを述べること。

□②御布施とは，仏式の葬儀の香典返しをするときの上書きである。

□③喪中とは，葬式を終えて，埋葬するまでの期間である。

□④会葬者とは，葬儀を行う葬儀社の担当者のことである。

解説：①説明文は弔問のこと。弔辞とは，その人の死を惜しんで，慰めの言葉を人の前で読むことである。
解答＝×

②御布施とは，葬儀や法事で読経してくれた僧侶へお礼をするときの上書きである。香典返しの上書きは「志」。
解答＝×

③喪中とは，喪に服している期間である。
解答＝×

④会葬者とは，葬儀に参列する人のこと。
解答＝×

秘書が上司の代理で告別式に出席して受付で記帳するときは，上司の名前を記帳します。そして，名前の下に（代）と書いておきます。その際，代理であることや上司が出席できない理由などを述べる必要はありません。

☆ 葬儀での心得

　葬儀は，神式・仏式・キリスト教式と，宗教によって異なるため，それぞれについて一通りの知識は得ておく必要があります。

◆焼香

　仏式では会葬者は焼香を行います。その手順は以下の通りです。

① 焼香台に進み，遺族に一礼する。

② 指先で香をつまみ，目の高さに押しいただいて香炉に入れる(焼香)。1回ないし3回行う。

③ 焼香の後合掌し，二，三歩下がって一礼。

④ 遺族にもう一度会釈して戻る。

🔼 焼香するときは，親指，人差し指，中指の3本でつまみ，目の高さに押しいただいて香炉の中へ。

◆玉串奉奠

　神式では玉串奉奠を行います。その手順は以下の通りです。

① 神官から玉串を受け，そのまま案（台）の前まで進み，胸の高さにささげて礼拝する。

② 玉串を右に回し，根元を故人の方に向けて案に供える。

③ 二礼し，音を立てずに二度柏手を打ち（忍び手），さらに一礼する。再拝二拍手一拝が正式だが，二拍手一拝でもよいとされる。

④ 遺族に会釈して戻る。

🔼 合掌する。

◆献花

　キリスト教では献花を行います。その手順は以下の通りです。

① 教会の入り口で花を受け取る（花が右，茎が左）。

② 胸元にささげて献花台の前まで進む。

③ 一礼して花を時計方向に回し，茎を向こう側にして献花台に置く。

④ 黙祷する。

☆ 弔事の服装

　通夜，葬儀・告別式に参列する際の服装は以下のようにします。

◆通夜の服装

　通夜への出席は喪服でなくても構いません。男性はダークスーツ，女性は地味なワンピースやスーツなどにします。

◆葬儀・告別式の服装

　男性はモーニングが正式ですが，黒・紺の背広が一般的です。白のワイシャツ，黒のネクタイ，靴下，靴を着用します。

　女性は喪服。化粧は控えめにします。結婚指輪と一連の真珠は構いませんが，他のアクセサリーは着けません。靴やバッグは光沢のない黒にします。

☆ 社葬

　社葬とは，その会社に功績のあった人や地位の高い人が死亡したとき，会社として葬儀をすることです。従って，葬儀費用は会社が負担し，葬儀執行の責任部署は総務部になります。

　通夜ではあらかじめ参列者の控室を準備しますが，秘書はここでの接遇を担当します。

　また，告別式では受付を担当することもあり，参列者に住所・氏名を記帳してもらい，香典を預かります。香典を出した人の氏名と金額などの整理をし，責任を持って担当者に渡します。

第４章 マナー・接遇

Let's Study!
よく出る問題

■適当＝○か不適当＝×か考えてみよう。
□ 告別式に参列したとき，顔見知りの取引先の人と出会ったので，世話になっていると日ごろの礼を言った。

解説：告別式は，死者に別れを告げる厳粛な儀式なので，知人に会っても目礼程度にする。

解答＝×

■これだけは押さえておきたい■
Key フレーズ 「還暦とは満60歳になったときの祝い」

還暦は最もポピュラーな賀寿の祝いです。満60歳で生まれた年の暦（干支）に還ることからこの名称が付けられました。金品を贈る場合の上書きは「寿」「還暦御祝」，「祝還暦」などとします。

☆ 贈答・見舞いの知識

秘書が贈答品や見舞いの金品を任されたときは，目的，相手との関係，相手の立場，予算などを考慮に入れて，相手に喜ばれるようなものを選ぶように心がけます。

品物を贈る際の留意点は以下の通りです。

●中元　　地域によって異なるが，7月初めから15日までに贈るのが一般的。これを過ぎたら立秋までは暑中御見舞とし，その後は残暑御見舞。

●歳暮　　12月初旬から20日ごろまでに贈る。中元と同様に恒例のことなので，品物を選んだら配送はデパートなどに一任することが多いが，あいさつ状は添えるようにする。

Let's Study!
よく出る問題

■適当＝○か不適当＝×か考えてみよう。

□①お中元やお歳暮，入院したときの見舞いなどに対しては，お返しはいらない。

□②8月中旬に贈ったお中元は，「暑中御見舞」と上書きしている。

解説：①お中元やお歳暮は世話になった人へのお礼なので，お礼に対してお礼をする必要はない。しかし，病気見舞いは，病気伺いという意味でいただいた贈り物なので，お返しがいらないということにはならない。

解答＝×

②暑中見舞は，8月7日ころの立秋までである。8月中旬であれば「残暑御見舞」としなければならない。

解答＝×

これは 間違い！

取引先からお中元が届いたので，上司に報告し，お返しはどのようにするか尋ねようと思っています。

間違いの理由

お中元やお歳暮は，日ごろ世話になった人に贈るもので，お返しは不要です。すぐにお礼状を出すようにします。

- ●**結婚祝い**　知らせを受けたらできるだけ早く祝いの品を届ける。持参するときは吉日の午前中がよい。

- ●**結婚記念日**　人を招待して祝うのは，銀婚式（結婚25周年）と金婚式（結婚50周年）が一般的。一対の湯飲みや座布団などを贈ることが多い。

- ●**賀寿**　長寿の祝いのことを賀寿という。還暦（満60歳），古希（70歳），喜寿（77歳），傘寿（80歳），米寿（88歳），卒寿（90歳），白寿（99歳）。贈る品物は相手の趣味に合うものを選ぶ。

- ●**落成式・記念式**　招待状を受け取ったらすぐ返事を出し，祝いの品を届ける。酒や花瓶などを贈ることが多い。

- ●**病気見舞い**　一般的には現金が最も喜ばれる。花を贈ることも多いが，鉢植えの花は「寝付く（根付く）」という言葉を連想させるためタブーとされている。病院への見舞いは，事前に面会時間や病状を確認する。

Let's Study!
よく出る問題

■適当＝○か不適当＝×か考えてみよう。

□①初めての相手にお中元を贈るときは，印象に残るようにかさばるものにした方がよいかもしれない。

□②上司が出張で世話になった取引先の支店長へ，好みが分からないので，礼状を添えて現金を贈った。

解説：①お中元は，日ごろ世話になっている相手へ礼をするのが目的なので，相手に好まれるものを贈らなければならない。従って，こちらを印象付けるような目的で品物選びをするのは不適当である。
解答＝×

②出張で世話になったとは，気を遣ってもらったということであり，そのお礼に現金を贈るのは不適当である。お礼の気持ちを品物に託せばよいので，好みが分からなければ一般的なものを贈ればよい。
解答＝×

第4章　マナー・接遇

☆ 上司関連の贈答

　秘書は，上司に関連する団体等への贈答を頼まれることもあります。そのため，上司が入会している諸団体やその関連団体について理解しておくことが必要です。団体の活動内容，団体での上司の地位や役割，団体の年間行事などについて把握しておきましょう。

- ●出身地，出身校に関する団体。
- ●研究・学術団体。
- ●福祉団体，慈善団体。
- ●公益法人（学校法人，財団法人，社団法人）。
- ●経済団体。
- ●文化，芸術，スポーツ関係の団体。
- ●官庁，民間の各種委員会。

「連名のときの記名は右から順に上位の者を書く」

連名で金品を贈る場合の記名の仕方は，上位者を右から順に書きます。ただし，贈る相手の宛名を書くときは左上に○○様と書き，左から順に上位者を書くことになります。

☆ 現金の包み方と水引の種類

　最近では市販の祝儀袋，不祝儀袋などを用いるのが普通です。選び方や現金の包み方などについては以下のことに注意します。

◆袋の選び方と水引の種類

　袋を選ぶときは，贈る金額に見合ったものにします。少額を包むのに豪華な袋を用いては不釣り合いになります。また，水引の有無などにも注意します。

用途	水引の種類
●結婚祝い	紅白または金銀の結び切り。
●弔事用	白か黒，または銀白の結び切り。
●一般の祝い事	紅白のちょう結び。
●病気見舞い	水引なしで上書きだけ。

◆現金の包み方

　改まった贈答では，その性格に合わせ，以下のような包み方のしきたりがあります。

- ●慶事の場合は，新札を用意して半紙で中包をする。
- ●中包の中央に金額，裏の左わきに住所，氏名を書く。
- ●慶事の場合は濃い墨で，弔事の場合は薄墨で書く。
- ●中包を上包みする。

🔷 中包の表中央に金額を書く。

🔷 中包の裏左側に住所，氏名を書く。

☆ 上書きの使い分け

上書きは用途によって，以下のように書き分けます。

	上書き	用　途
慶事	●御祝	新築，開店，栄転など一般慶事。
	●寿	結婚，賀寿などの祝い。
	●内祝	家内の慶事。慶事や病気見舞いのお返し。
弔事	●御霊前，御仏前 御香典，御香料	仏式の葬儀，告別式，法要。ただし，一般的に御霊前は四十九日の法要まで，御仏前はその後。
	●御霊前，御神前 御玉串料（おんたまぐし）	神式の葬儀，告別式，御霊祭（みたま）。
	●御霊前，御花料	キリスト教式の葬儀，追悼式，記念式。
	●志	香典返し。
	●御布施	葬儀や法要で，お寺や僧侶へのお礼。
他	●謝礼，薄謝，御礼 寸志	一般の御礼。寸志は目下の人への謝礼。
	●御見舞，祈御全快	病気，けが，入院のお見舞い。
	●○○御見舞	災害見舞い。○○に，震災，火災などを書く。
	●記念品，御餞別（せんべつ）	転勤や送別会など。
	●粗品	訪問のときの手土産。
	●御奉納，御祝儀	祭礼への寄付，心付け（チップ）。

☆ 記名の仕方

以下のような方法で記名をします。

●個人の場合は，水引の下，中央に姓名を墨で書く。

●連名の場合は3名までとし，右端から順に上位者を書く。部署で出すときは「○○一同」とする。

●宛名を書く場合は左上に。その場合，左から順に連名の上位者を書く。

●名刺を貼るのは略式。中央は避け，左下に貼る。

---

1 難易度 ★☆☆☆☆ | 😖 できないと キビシ〜!! | チェック欄

　営業部長秘書Aは，上司から歳暮の品を選ぶように指示された。次は，それについてAが先輩からアドバイスされたことである。中から<u>不適当</u>と思われるものを一つ選びなさい。

1) 菓子などで以前贈って喜ばれた物があったら，同じ物を贈るのもよい。
2) 相手が個人で好みが分からない場合には，一般的な物にするのがよい。
3) 受け取ったときの印象も大事なので，同じ予算なら箱の大きさで選ぶのもよい。
4) 会社の部署宛てに送るときは，小分けにされている物や分けて持ち帰れる物がよい。
5) 相手の自宅に送るときは，家族構成などによっては家族が喜びそうな物を選ぶのもよい。

---

2 難易度 ★☆☆☆☆ | 😖 できないと キビシ〜!! | チェック欄

　秘書Aの上司が取締役に就任し，関係者などから祝いの品が贈られてきた。次はAが，届いた品について記録した項目である。中から<u>不適当</u>と思われるものを一つ選びなさい。

1) 品物。
2) 受取日。
3) 上書き。
4) 贈り主の会社名。
5) 贈り主の氏名，役職名。

3　難易度 ★★☆☆☆　　できないと アヤウイ!　　　チェック欄

　次は秘書Aが上司から指示されて金品を用意したときの上書きである。中から不適当と思われるものを一つ選びなさい。

1）上司の前任秘書への結婚祝いに「寿」
2）取引先の前社長の法要の供えに「御布施」
3）70歳を迎える上司の恩師への祝いに「古希御祝」
4）社員研修の講師に概算で支払う交通費に「御車代」
5）独立して事務所を開いた上司の友人への祝いに「開業御祝」

4　難易度 ★★☆☆☆　できないと アヤウイ!　　　チェック欄

　秘書Aは他部署のCから，「上司の家族に不幸があり告別式の受付を手伝うことになった。初めてなので，注意しなければいけないことを教えてもらいたい」と言われた。次はそのときAがCに教えたことである。中から不適当と思われるものを一つ選びなさい。

1）顔見知りの人が来ても，親しくあいさつをしたり話をしたりしないこと。
2）受付を手伝う場合でも香典は用意し，会葬者が少ないときに焼香をすること。
3）受け取った香典は，誰に渡せばよいかを前もって確認しておき確実に渡すこと。
4）香典を出されたら，「このたびはご愁傷さまでございます」と言って両手で受け取ること。
5）受付係用のリボンなどが用意されていたら，分かる位置に着け葬儀が終わるまでは外さないこと。

第4章 マナー・接遇

　秘書Aの上司（営業部長）は，今年60歳を迎えた。そこで営業部全員で贈り物をすることになった。右の図は贈る品にかけるのし紙である。次のそれぞれについて（　　）内に答えなさい。

1) 図の，ちょう結びのひものことを何というか。
　　（　　　　　　　　　）
2) 上書きの言葉を書きなさい。
　　（　　　　　　　　　）
3) 贈り主名を書きなさい。
　　（　　　　　　　　　）

　秘書Aは，上司の元に届いた贈り物に対してお返しをすべきかどうか迷うときがある。次は，お返しをしなくてもよいものとして先輩から教えてもらった事例である。中から<u>不適当</u>と思われるものを一つ選びなさい。

1) 知人からの中元や歳暮。
2) 取引を紹介したときの礼。
3) 入院していたときの見舞い。
4) 祝賀会の記念品や引き出物。
5) 就職の世話をしたときの礼。

7　難易度 ★★★☆☆　 できて ひとまずホッ!!　　チェック欄 □

　次は秘書Aが，上司の代理で葬儀（仏式）に参列したとき行ったことである。中から不適当と思われるものを一つ選びなさい。

1）洋服は黒色のスーツにし，アクセサリーは特に何も着けなかった。
2）受付でふくさから香典を出して渡すとき，「このたびはご愁傷さまでした」と言った。
3）会葬者芳名録には上司の名前の横に自分の名前を書き，その下に（代）と書いた。
4）上司に報告できるよう，参列者や葬儀の様子をさりげなく観察した。
5）焼香を済ませた後は，出棺を待たずに帰社した。

8　難易度 ★★★★☆　できたら拍手! 視界良好　　チェック欄 □

　秘書Aは立食形式のパーティーに出席することになった後輩Dから，「初めてのことなので気を付けることを教えてもらいたい」と言われた。次はそのときAが教えたことである。中から不適当と思われるものを一つ選びなさい。

1）手荷物はクロークに預けることもできるが，貴重品は携帯すること。
2）会場の入り口で飲み物を渡されることもあるが，それは乾杯まで口を付けないこと。
3）多くの人と交流するのがよく，皿とグラスの両方を持ちながら移動してもよい。
4）歓談するときは，料理のことなど一般的な話題から始め，仕事の話は避けること。
5）会場の壁際の椅子は疲れたときなどのために用意されているが，基本的には座らないこと。

1＝3）歳暮は，日ごろ世話になっている人へ礼をするというのが目的だから，相手に喜ばれる物を贈るのがよい。箱は大きい方が印象に残ることはあっても，目的が違うので不適当ということである。

2＝3）贈られてきた品を記録しておくのは，返礼の場合や後々の参考のために必要だからである。上書きはそのようなことには関係ないので不適当ということである。

3＝2）「御布施」は，葬儀や法要で僧侶へ読経などの礼をするときの上書きなので不適当。法要の供えの上書きは，「御仏前」「御供」などになる。

4＝4）「ご愁傷さま」は，身内を亡くした人に対するお悔やみの言葉。受付を手伝う場合は，身内側として振る舞うことになるので不適当である。香典を出されたら，「お預かりいたします」「恐れ入ります」などと言うのがよい。

5＝1）水引　2）還暦御祝・寿・御祝　3）営業部一同

6＝3）入院の見舞いは，入院している人を見舞うために送る金品。退院後に返礼をするものなので不適当ということである。

7＝3）上司の代理でＡが会葬すれば上司が会葬したことになる。従って，芳名録には上司の名前を記帳し，代理であることが分かるように下に（代）と書いておくのが一般的。Ａの名前を横に書いたのは不適当ということである。

8＝2）会場の入り口で渡される飲み物は「ウエルカムドリンク」といって，パーティーが始まるまではこれを飲んでお過ごしくださいという意味で出される。従って，乾杯まで口を付けないことと教えたのは不適当である。

合否自己診断の目安

　正解率60％以上が合格の目安としてください。ここでは，8問出題したので，5問以上の正解でクリアです。

　ただし，「第4章　マナー・接遇」全体では，合計26問なので，16問以上の正解でクリアとなります。

4　交際	8問中　　　問正解	●正解率＝　　　％

第4章　マナー・接遇（計）	26問中　　　問正解	●正解率＝　　　％

さて，「第4章　マナー・接遇」が終了しました。成績はどうでしたか？　何問正解したかも重要ですが，苦手な部分はどこなのかをチェックしておくことも大切ですよ。
次は，最終章「技能」への挑戦です。気を引き締めて取り組んでください。

第5章

技　能

Lesson 1 会議の知識①

会議には，毎月末，毎週金曜日など開催される日が決まっている定例会議と，臨時会議があります。会議は上司にとって重要な仕事の一つなので，あらかじめ開催日が分かっている定例会議は日程表に書き込んでおきます。うっかりその日に予定を入れるなどのミスを防ぐことができます。

☆ 会議の重要性と会議の目的

企業の方針決定や管理層の意思決定の多くは，会議によって決められています。秘書には，そうした会議を主催したり参加する上司を補佐する役割があるため，会議の重要性やそれぞれの会議の目的をしっかり把握しておくことが重要です。

◆会議の重要性

トップマネジメントの重要な仕事の一つに社内外で行われる会議があります。秘書は，上司が主催する会議が円滑に運ぶように準備から後始末まで手際よく補佐します。

◆会議の目的

会議の目的には以下のようなものがありますが，基本的にはどの会議も複数の目的を持っています。

- ●情報の伝達。
- ●情報の交換。
- ●相互啓発。
- ●意思決定。
- ●アイデアの収集。

Let's Study!
よく出る問題

■適当＝○か不適当＝×か考えてみよう。
□①定足数とは，会議に出席した人数のことである。
□②継続審議とは，議案の審議を次回以降の会議に持ち越すことである。
解説：①定足数とは，会議の成立に必要な最低限の人数のことである。定足数に満たない場合は流会となる。
解答＝×
②他の議案に時間を取られ，議案が十分に審議されていない場合や賛否に対する意見が多数出て，採決までいかない場合にその議案を次回以降に続けて行うことを継続審議という。
解答＝○

☆ 会議の種類 ＊理解したらチェックしよう

会議の種類には以下のものがあります。

□ 説明会議　　　　リーダーや担当者が，必要な情報を伝達することが
　（連絡会議）　　目的の会議。質問してもよいが，議論はしない。

□ 問題解決会議　　問題に対して最善策を得る意思決定のための会議。
　（意思決定会議）会社では取締役会などがこれに当たる。

□ 研究会議　　　　メンバーの情報交換と相互啓発が目的の会議。

□ 研修会議　　　　ビジネスでよく使われる教育方式。技能の習得，相
　（教育・訓練会議）互啓発を目的とする。

□ アイデア会議　　アイデア収集が目的の会議。

☆ 株式会社の重要会議

企業の重要会議の代表的なものとしては，株主総会，取締役会，常務会などがあります。

◆株主総会

株主で構成される会議で，法で年1回以上の開催が義務付けられています。会社運営上の基本事項を決める最高議決機関で，取締役や監査役の選任，定款（ていかん）の改廃，決算の承認などが議題となります。

◆取締役会

法で定めた会議で，株主総会で選任された取締役全員で構成されます。経営計画や重要取引の決定など業務執行に関する会社の意思決定機関です。半数以上の取締役の出席で成立し，過半数の賛成で議案が可決されます。

◆常務会

重役会議，あるいは最高経営会議などとも呼ばれ，一般的には社長，副社長，専務取締役，常務取締役など常勤取締役で構成されます。法で定められた会議ではありませんが，実質的に会社の方針を決定する会議です。

Let's Study!　よく出る問題

■適当＝○か不適当＝×か考えてみよう。

□ 常務会は会社法で定められた会議ではないが，会社運営の方針を決めたりする事実上の最高経営会議であり，代表取締役の選任もこの会議で行われる。

解説：常務会は事実上の会社の運営方針を決める会議であるが，代表取締役の選任は，会社法で定められた取締役会で選出しなければならない。

解答＝×

「採決で同数の場合は議長が決定する」

会議で議案を採決する場合，議長は採決に加わりません。しかし賛否同数に
なった場合は，議長が決裁のための投票権を行使することができます。これを
キャスティングボートといいます。どちらも過半数に満たない二大勢力がある場
合，第三の少数勢力がキャスティングボートを握っていると表現します。

☆ 会議の形式 ＊理解したらチェックしよう

会議の形式としては，以下のようなものがあります。

□ 円卓会議	席次など気にせずに自由に話し合う形式。フリートーキングともいい，20人ぐらいが限度。
□ パネル・ディスカッション (Panel discussion)	事前に選ばれた意見が異なるパネリストが聴衆の前で討論し，その後，聴衆から意見や質問を受ける形式で行う。視野の広い見解を求め，お互いの知識を広げる目的を持つ会議に適している。
□ シンポジウム (Symposium)	公開討論会。あるテーマについて数人の専門家が異なった立場でそれぞれ意見を発表し，聴衆と質疑応答する形式。学術会議でよく用いられる。
□ フォーラム (Forum)	公開討論会。一つの話題を中心に討論。参加者全員で意見交換をする。
□ バズ・セッション (Buzz session)	「ガヤガヤ会議」と直訳される。参加者が6〜12人ぐらいの小グループに分かれて，一定時間テーマに基づいて話し合う。その後，各グループの代表者が意見や主張を発表する。
□ ブレーンストーミング (Brainstorming)	参加者が自由に意見やアイデアを発表する。他人が出したアイデアを利用して発想を広げたり，実現できそうもないことでも発表してよい。商品名やキャッチフレーズを決めるときなどによく使われる。他人の意見やアイデアを批判してはいけないなどのルールがある。

☆ **会議用語** ＊理解したらチェックしよう

会議の用語には，以下のようなものがあります。

- □ 招集（召集）　会議のためにメンバーを集めること。一般的には「招集」だが，国会では「召集」が使われる。

- □ 議案　会議で審議する事項のこと。議案が複数ある場合は「第1号議案」「第2号議案」などと番号を付ける。

- □ 定足数（ていそく）　会議が成立するために必要な最低人員数のこと。定足数に満たない場合は会議は成立しない。

- □ 動議（どうぎ）　会議中に予定された議案以外の事項を議事として取り扱うよう議員が発議すること。

- □ 採決　議決ともいい議案の可否を決めること。挙手・起立・投票などの方法で出席者の意思を確認する。

- □ 諮問（しもん）・答申（とうしん）　上級者（組織）が，下級者（組織）や学識経験者などに特定の問題について意見を求めることを諮問，それに対する回答を答申という。答申を出す機関を諮問機関・諮問委員会などという。

- □ 分科会　全体会議などの下に設けられた，専門分野ごとの小会議のことで，小委員会ともいう。

- □ 一事不再議の原則（いちじふさいぎ）　一度会議で決まったことは，その会期中に再度審議することはできないという原則。

 **これは間違い！**

 議案について賛成か反対か決めることを投票といいます。

間違いの理由

賛成か反対かを決めることは採決または議決といいます。投票は，採決するときの方法の一つです。

Let's Study! よく出る問題

■適当＝○か不適当＝×か考えてみよう。
- □ 答申とは，出された議案に対して，反対意見を述べることである。
- 解説：答申とは，上位機関などから尋ねられたことに対して意見を述べることである。
- 解答＝×

第5章 技能

3 会議の準備

Key フレーズ 「社外会議の通知状は1カ月前くらいに出す」

上司が主催する会議で社外の人の参加を求める場合，通知状は1カ月前に出すようにします。また，社内の人を対象とした会議は，電話や電子メール，FAXなどで知らせます。定例会議は通常，席上で次の議題や開催日を決めます。

☆ 会議の予備知識

会議への対応は会議の種類と内容によって異なります。秘書は，以下のことを上司に確認して適切な準備をします。

- **●上司が主催するのか，メンバーとして出席するのか。**
- **●社内での会議か，社外での会議か。**
- **●定例会議か，臨時会議か。**

☆ 上司がメンバーとして出席する会議の準備

上司がメンバーとして出席する場合，秘書は次のような手順で上司の補佐をします。

① 出欠の確認
- ●上司に出席するかどうかを確認する。
- ●出席の場合は，スケジュールに組み込む。
- ●期日までに出欠の連絡をする。

② 各種手配
- ●会費や資料を手配する。
- ●会場までの交通手段を確認し，必要な手配をする。

③ 再確認
- ●開催日前日に上司に確認する。

これは間違い！

ホテルの会議場の予約は，上司の名前でしています。

間違いの理由

ホテル側と会議場の設営などで連絡を取り合うこともあるので，秘書の名前でします。

☆ 上司が主催する会議の準備

　上司が主催する会議の場合は，下記の手順で準備します。なお，会場を選ぶ際には，人数に適した広さ，予算，時間，必要な備品，照明，冷暖房，換気などをチェックします。社外の会場の場合は特に交通の便も考慮します。

① 参加者の選定	●上司の指示を受け参加予定者をリストアップする。 ●上司にリストを見せて確認してもらう。
② 会場の選定	●広さや備品など目的に対応できる会場を選ぶ。 ●適切な会場候補を挙げ，上司の了解を得て予約する。
③ 資料の準備	●上司に準備すべき資料を確認する。 ●通知状に添付する資料があれば作成する。
④ 開催通知と 　出欠確認	●開催通知状を作成し，参加予定者に送付する。 ●出欠の確認をする。
その他の確認	●会議中の食事・茶菓の接待。 ●会議中の電話の取り次ぎ。 ●会議中の記録の有無。取るなら担当はどうするか。 ●宿泊の手配の有無。

☆ 会議の開催案内

　会議の開催通知は正式には文書でします。しかし，社内会議の場合などは電話や電子メールで連絡するのが一般的です。

　社外会議の場合は，開催日の1カ月ほど前に正式に通知状を送付します。通知状には次のような項目を入れます。

●会議の名称。
●開催日時（開始・終了予定時刻）。
●開催場所（地図・電話番号・会場名・階・室名・部屋番号など）。
●議題（開催の趣旨）。
●出欠（連絡方法と締切日）。
●主催者（事務局）名と連絡先（担当者名）。
●駐車場，食事の有無。
●その他，資料や注意事項など。

　また，会議で用いる資料はできれば事前に配布するようにし，当日は忘れた人のために予備を用意しておきます。

第5章　技能

「会議でスクリーンを使うときは『Vの字形』」

会議の参加者にビデオなどの映像を見せるとき，プロジェクターやホワイトボードを利用するときなどは，参加者全員が移動しないで見ることができるVの字形が最適です。人数が多い場合は，コの字形にします。

☆ 会場の設営

　会場設営でポイントとなるのは机・椅子などの配置方法ですが，会議の目的，参加人数，会場の広さによって異なるので注意します。

●円卓式・口の字形

席次もなく，自由な意見交換ができるのでアイデア会議などによく使われます。

●はリーダーまたは議長席です。

円卓式は，お互いの顔が見えて，自由な雰囲気で話し合えるのが特徴。参加人数は20人程度が限度で，話し合いを主な目的とする会議に適している。人数が多いときは，中に空きをつくって口の字形にする。

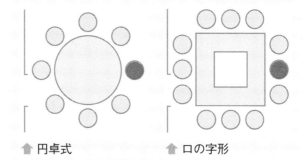

⬆ 円卓式　　　　⬆ 口の字形

これは 間違い！

上司から机の配置は円卓式でと指示されましたが，社内に丸い机がないので，社外の会場を探そうかと思っています。

間違いの理由

丸い机がなかったら，四角い机を合わせて正方形に近いものをつくって，周囲に椅子を並べます。人数が多い場合は，口の字形にします。

●コの字形・Vの字形

スクリーンなどが見やすいのはVの字形です。人数が多い場合はコの字形にします。

いずれも研修会議でよく使われる配置方法。参加者全員が前方を見ることができるのでプロジェクター*やビデオを使用する場合に適している。

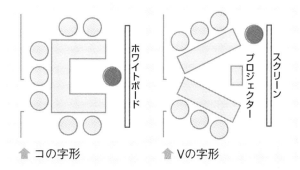

🔺 コの字形　　　　🔺 Vの字形

●教室式（議事式）　参加者が多いときや情報伝達を目的とする会議に適している。

☆ 会議場の準備

　会議を円滑に進めるために，事前に次のような準備をしておきます。

- ●他の担当者と当日の役割分担を決める。
- ●社外の人も参加する会議では，席順を上司に確認（卓上用あるいは胸に着ける名札を作ることもある）。
- ●プロジェクター，ビデオ，スクリーン，ホワイトボード，マイクなど必要な備品を事前に用意し，故障がないかチェックしておく。
- ●ホワイトボード用インクなどの消耗品が十分あるかどうかなどもチェックする。その他，差し棒やレーザーポインター*など必要なものを用意しておく。

よく出る問題

■適当＝○か不適当＝×か考えてみよう。
□ 社外の会場で行う社員研修会の講師に，開催日が近づいたので「資料の予備は何部用意しておけばよいか」と確認した。
解説：資料の予備部数などは，社員研修会に参加する人数や傍聴者の数などを考慮して，秘書が判断すればよいことである。講師に確認するようなことではない。
解答＝×

第5章技能

用語Check　【プロジェクター】　グラフや図版，文字などをスクリーンに写し出す装置。液晶のものが主流になっている。
　　　　　　【レーザーポインター】　差し棒の代わりにレーザー光を利用したもの。遠い位置から対象を指し示せる特性がある。

「議事録を録音する場合もメモを取る」

議事録を詳しく取るように指示された場合は，内容を録音した後でまとめることもあります。その場合でも，発言者名と発言内容の要点はメモに取っておき，議事内容がすぐに確認できるようにしておくことが大切です。

☆ 開催当日の会議前，会議中の主な仕事

上司が主催する会議開催日当日に秘書が行う仕事は以下のようなものです。

◆出欠確認

事前に用意した参加予定者一覧表に基づいて出欠を確認します。参加者が多いときや配布資料がある場合は入り口に机を設けて対応し，コートや荷物もそこで預かります。定刻近くになったら出欠状況を上司に報告し，定刻になっても現れない参加予定者には電話連絡します。

◆会場の管理

会議場の空調，照明，騒音防止などの調節・管理をします。また参加者から預かった物は確実に保管します。

◆接待

事前の打ち合わせに基づいて茶菓や飲み物，食事のサービスなどを出します。

◆記録を取る

上司の指示があれば，会議の記録を取り議事録にまとめます。議事録に記載する項目は以下のようなものです。

- ●会議名。
- ●日時・場所。
- ●主催者名，議長名，司会者名。
- ●参加者名（参加人数・欠席者名も）。
- ●議題（テーマ）。
- ●発言者と発言の要旨，経過，内容。
- ●決定事項，結論。
- ●議事録作成者名。

◆会議中の電話の扱い

　会議中，参加者宛てにかかってきた電話の対応をどうするか，事前に上司と打ち合わせておきます。参加者への伝言はメモで取り次ぎ，小声でも口頭で伝えるようなことはしません。

　また，会議中の携帯電話の扱いについても，「電源を切る」「マナーモードにする」など事前に決めておき，参加者にも了解を得ておきます。

☆ 会議終了後の主な仕事

　会議が終了したら，以下のような手順で参加者の見送りや会場の後片付けをします。

① 参加者への対応
- ●車で帰る人には配車の手配をする。
- ●預かった衣類，持ち物を間違いなく返す。
- ●会議中に受けた伝言を忘れずに伝える。
- ●忘れ物がないか確認する。

② 会場の後片付け
- ●資料や備品を片付ける。
- ●机や椅子を元通りにし，コップなどを片付ける。
- ●冷暖房・換気扇・照明のスイッチを切る。
- ●窓を閉め，戸締まりをする。

③ 管理者への対応
- ●会議室の管理者に会議の終了を報告し，必要であればその場で会場費などの費用の精算をする。

これは 間違い！

会議中の電話は取り次がないことになっていましたが，緊急ということなので，会議を妨げないように電話が入っていることを小声で伝えました。

間違いの理由

取り次がないことになっていても，緊急の場合は取り次ぎます。しかし，取り次ぐ場合は，小声ではなくメモで伝えます。

第5章 技能

1 | 難易度 ★☆☆☆☆ | 😣 できないと キビシ〜!! | チェック欄

　秘書Aの上司が社外から関係者を招いて意見交換会を開くことになり，Aは議事録を作成するように指示された。次はこのときAが行ったことである。中から不適当と思われるものを一つ選びなさい。

1) 出席者名と議題を事前に確認し，配布資料に目を通しておいた。
2) 議事録の作成期限と，発言記録の確認をどのようにするか上司に確認した。
3) 発言者名を間違えないように，出席者全員が見渡せる位置に座った。
4) 発言の記録に間違いがないように，参加者に許可を取り録音をした。
5) 発言のよく聞き取れなかった部分は，席上で発言者に確認した。

2 | 難易度 ★★☆☆☆ | 🙂 できないと アヤウイ! | チェック欄

　次は秘書Aが，上司主催の社内会議の準備として行っていることである。中から不適当と思われるものを一つ選びなさい。

1) 事前に資料が配布してあっても，当日は予備を用意しておくようにしている。
2) 開催はメールでメンバーに知らせ，出欠もメールで知らせてもらうようにしている。
3) 開催が決まったら，すぐに日時などを確認して会議室の空き状況を調べ予約している。
4) 開始時間前に準備のため会議室に行くが，そのとき室温の調整もするようにしている。
5) 社内会議なので，出席者への外線電話は会議室へ回してくれるよう各部署に連絡している。

3 難易度 ★★☆☆☆ できないと アヤウイ!　　　チェック欄

次は秘書Aが，社外から人を招いた上司主催の会議に関して，上司に確認せずに行ったことである。中から<u>不適当</u>と思われるものを一つ選びなさい。

1) 少し遅れると連絡してきた出席予定者に，承知したと答えた。
2) 開始時間直前になっても到着しない出席予定者に，確認の連絡を入れた。
3) 出席者の一人が，人数分あるのでと言って自社のパンフレットを持ってきたので配布した。
4) 終了予定時間を過ぎても会議が終わりそうになかったので，会議室の使用時間を延長した。
5) 議事録を送るとき，欠席者には当日配布した資料を同封した。

4 難易度 ★★★☆☆ できて ひとまずホッ!!　　　チェック欄

秘書Aは上司から，販売店の店長向けに講演会を行うので会場の手配をするように指示された。次はそのとき，Aが上司に確認したことである。中から<u>不適当</u>と思われるものを一つ選びなさい。

1) 予算は幾らぐらいか。
2) 開催日時と会場の規模。
3) 講演会の名称は決まっているか。
4) 連絡担当者は誰の名前にするか。
5) 講演会の後に懇親会の予定はあるか。

第5章 技　能

営業部の兼務秘書Aは，上司から会場名の書かれたメモを渡され，「代理店を集めて新製品説明会を行うので，詳しいことを会場と打ち合わせてもらいたい」と言われた。次はこのときAが，会場の担当者に尋ねたことである。中から不適当と思われるものを一つ選びなさい。

1）会場使用料の支払いは，実施後でよいか。
2）会場の使用時間を当日延長することは可能か。
3）当日の参加者名簿は，いつまでに渡せばよいか。
4）飲み物の数の変更は，若干であれば当日対応できるか。
5）マイク，スクリーンなどの使用料金はどうなっているか。

部長秘書Aは上司から，今度の部長会議は昼食を共にしながら行うので準備するようにと指示された。そこで日にちを確認した他に次のことを尋ねた。中から不適当と思われるものを一つ選びなさい。

1）場所は社内の会議室でよいか。
2）会議は何時から何時までの予定か。
3）今回は机上札を置いた方がよいか。
4）出欠の確認は早めにしたいがよいか。
5）昼食や飲み物はどのようなものを用意するか。

1＝5）発言がよく聞き取れなかった場合の確認は，会議終了後にしないといけ
　　ない。席上でするのは会議の進行の妨げになるので不適当ということである。
2＝5）会議中は，急ぎや重要なこと以外は電話を取り次がないのが原則。従っ
　　て，社内会議だからと外線電話は会議室へ回すよう連絡しているなどは不適
　　当ということである。
3＝3）上司主催の会議だから，その会議の場で他社のパンフレットを配るなら
　　上司の許可が必要になる。従って，Ａが上司に確認せず配布したのは不適当
　　ということである。
4＝4）外部の会場を借りる場合，予約後も諸準備のために連絡を取り合うこと
　　がある。この場合はＡが手配をするのだから，連絡の担当者はＡになる。従
　　って，連絡担当者は誰の名前にするかと確認したのは不適当ということであ
　　る。
5＝3）会場の担当者に尋ねるのは，会場を借りるために必要なことになる。参
　　加者名簿は主催者側が受付などで使うが，会場側に渡すものではないので 3)
　　は不適当ということである。
6＝3）部長会議だから，特別な指示がなければいつも通りの準備になる。一般
　　的に机上札は，知らない者同士の集まりのときに名前や役割を書いて置いて
　　おくもの。従って，机上札の確認をしたのは不適当ということである。

➤➤➤➤➤➤➤➤➤➤　合否自己診断の目安　◄◄◄◄◄◄◄◄◄◄

　正解率60％以上を合格の目安としてください。ここでは，6問出題した
ので，4問以上の正解でクリアです。

1　会議と秘書	6問中 □ 問正解　●正解率＝ □ ％

最終章での最初のチャレンジ。結果はいかが
でしたか？
「1問しか落とさなかった。余裕でクリア!!」
などと慢心してはいけません。常に「全問正
解」を目標にしましょう。

SECTION 2 ビジネス文書の作成

Lesson 1 社内文書の種類と形式

ビジネス文書では，複数の件数を一つの文書にまとめて書くようなことはしません。それは，文書をファイルなどで管理する際，一つの文書に複数の内容が書いてあると分類に困ることがあるからです。

☆ 社内文書の特徴と作成上の留意点

社内での伝達は口頭のほか文書で行われます。特に正式に伝達する場合や内容が複雑な場合，決定事項を社内に伝える通達などの場合には文書を使います。

文書の作成に際しては，以下のような社内文書の特徴を理解しておくことが大切です。

◆文章は簡潔に，主語・述語を明確にさせる

社内文書は簡潔明瞭を第一にします。「文章は短く」が基本。主語・述語を明確にし，要点を押さえて簡潔にまとめます。

◆横書きで作成する

社交文書などを除き，ビジネス文書は横書きが原則です。

◆数字は算用数字（アラビア数字，洋数字）が基本

番号，金額，数量などは算用数字を使用します。ただし，固有名詞や概数(数百，数億など)，成語(一般，四季，五里霧中など)には漢数字を使用します。

◆頭語・結語，あいさつは省略する

社内文書では頭語・結語，時候のあいさつなどは必要ありません。文末は全て「以上」で締めくくります。

「前略」，「拝啓」などが頭語で，「草々」，「敬具」などが結語です。

◆丁寧な表現はほどほどにする

過剰な丁寧さは控え，「〜いたします」「お願い申し上げます」は，「〜します」「お願いします」とします。

☆ 社内文書の形式と留意点 *理解したらチェックしよう

社内文書の基本的な形式は以下の通りです。

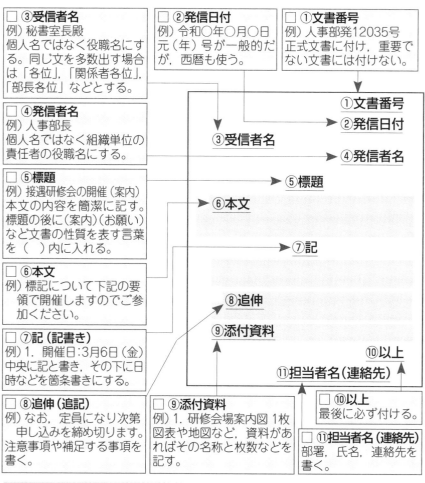

□ ③受信者名
例）秘書室長殿
個人名ではなく役職名にする。同じ文を多数出す場合は「各位」，「関係者各位」，「部長各位」などとする。

□ ②発信日付
例）令和○年○月○日
元（年）号が一般的だが，西暦も使う。

□ ①文書番号
例）人事部発12035号
正式文書に付け，重要でない文書には付けない。

□ ④発信者名
例）人事部長
個人名ではなく組織単位の責任者の役職名にする。

□ ⑤標題
例）接遇研修会の開催（案内）
本文の内容を簡潔に記す。標題の後に（案内）（お願い）など文書の性質を表す言葉を（　）内に入れる。

□ ⑥本文
例）標記について下記の要領で開催しますのでご参加ください。

□ ⑦記（記書き）
例）1．開催日：3月6日（金）
中央に記と書き，その下に日時などを箇条書きにする。

□ ⑧追伸（追記）
例）なお，定員になり次第申し込みを締め切ります。
注意事項や補足する事項を書く。

□ ⑨添付資料
例）1．研修会場案内図 1枚
図表や地図など，資料があればその名称と枚数などを記す。

□ ⑩以上
最後に必ず付ける。

□ ⑪担当者名（連絡先）
部署，氏名，連絡先を書く。

①文書番号
②発信日付
③受信者名
④発信者名
⑤標題
⑥本文
⑦記
⑧追伸
⑨添付資料
⑩以上
⑪担当者名（連絡先）

☆ 社内文書の種類

社内文書には次のようなものがあります。

- ●報告書：事実や経過を報告する書類。出張報告書，調査報告書など。
- ●稟議書：案件について，決裁権を持つ上の人の決裁・承認を仰ぐ書類。
- ●通知文：社として決定事項を知らせるもので，社員はこれに従う。
- ●案内文：社員の便宜を図るためのもので，強制力はない。

第5章 技能

Key フレーズ ■これだけは押さえておきたい■ 「『受信人の宛名』と『担当者』は異なる」

> ビジネス文書では，影響力のある役職者を受信者にするのが一般的で，実際の担当者とは異なります。また，発信者名も文書の受信者と同格にするのがマナーになります。ただし，文書を送る場合の封筒の宛名は担当者にします。

☆ 社外文書の基本的な心得

　社外文書は会社を代表して社外に発信するものですから，内容が正確であるとともに，ビジネス文書として体裁が整っていなくてはなりません。秘書は上司の指示に従って社外文書を作成することがありますが，文書作成の際は次のようなことに注意します。

- ●基本の書式に沿って書く。
- ●慣用表現や格調高い言葉を用いる。
- ●分かりやすい文章で書く。

☆ 社外文書の種類

　社外文書は「商取引に関する文書」と「社交的な内容の文書(社交文書)」に分けられます。
　商取引に関する一般的な社外文書は以下のものです。

- ●**通知状** ある情報を相手に知らせる文書。書類の授受，会議の開催，社屋の移転・開設，人事異動，機構変更など。
- ●**案内状** 新商品・製品の発表会などを知らせる文書。
- ●**依頼状** 何かをお願いするための文書。送付，紹介，調査の依頼などがある。
- ●**照会状** 不明なことや疑問点を問い合わせる文書。在庫の有無の問い合わせ，商品や信用状態などに関する照会など。
- ●**督促状** 約束が実行されていない場合に催促する文書。

　その他，断り状・わび状・苦情状・抗議状・申込状・回答状などがあります。(わび状には社交的な意味を持つものもあります)

社外文書の形式と留意点 ＊理解したらチェックしよう

社外文書の基本的な形式は以下の通りです。

□ **③受信者名**
例）〇〇株式会社総務部御中
団体，部署宛ては御中。職名を使ったら殿（総務部長殿）。個人名に職名を使ったら様（総務部長山田様）。多数に宛てる場合は，各位（株主各位）。

□ **④発信者名**
例）営業部長
発信者は受信者と同格の職位にするのがマナー。

□ **⑤標題**
例）新製品展示会開催（案内）
文書の内容を簡潔に記す。標題の後に（案内）（お願い）など文書の性質を表す言葉を（　）内に入れる。

□ **⑥前文**
例）拝啓　時下ますますご
　　発展のこととお喜び申し
　　上げます。
用件に入る前のあいさつ。頭語には，拝啓，前略などがある。返信では拝復。

□ **⑦主文**
文書の中心となる用件を述べる。「さて」で書き始めるのが一般的。

□ **⑧末文**
例）まずはご案内申し上げ
　　ます。　　　　　　　敬具
最後の締めくくりの文。「まずは」で書き始めるのが一般的。結語は，頭語に合わせる。前略→草々，拝啓，拝復→敬具。

□ **①文書番号**
例）営発07・1234号
社交文書や私信には付けない。

□ **②発信日付**
例）令和〇年〇月〇日
元（年）号が一般的だが，西暦も使う。

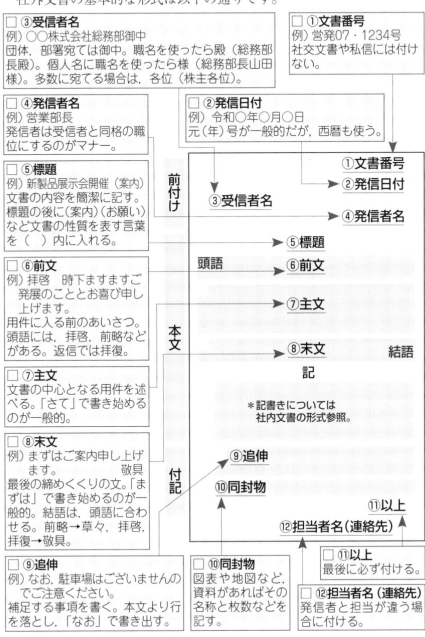

□ **⑨追伸**
例）なお，駐車場はございませんのでご注意ください。
補足する事項を書く。本文より行を落とし，「なお」で書き出す。

□ **⑩同封物**
図表や地図など，資料があればその名称と枚数などを記す。

□ **⑪以上**
最後に必ず付ける。

□ **⑫担当者名（連絡先）**
発信者と担当が違う場合に付ける。

第5章 技能

「社交文書には文書番号や標題は入れない」

通常，あいさつ状，招待状，見舞状，慶弔状などの社交文書には，文書番号や標題は入れません。入れると事務的になってしまうからです。社交文書はしきたりやマナーを重んじ，言葉遣いに注意して作成するようにします。

☆ 社交文書の特徴

社交文書は，取引先などとの関係をよくするための「つきあい」の文書です。取引とは直接関係がなくても，相手先との関係を良好に保つためには重要なものです。秘書は上司の指示で社交文書の代筆をしたり，草稿を作成することがよくありますが，作成の際には，それぞれの目的にかなったしきたりやマナーを重んじて書くよう心がけなければいけません。社交文書には次のような特徴があります。

- ●早過ぎず遅過ぎず，タイムリーに出す。
- ●文章の書き方は相手との親密度に合わせる。
- ●書式は縦書きが一般的。
- ●通常，文書番号，標題は省略する。

☆ 社交文書の種類

社交文書には以下のようなものがあります。

◆紹介状

ある人を知人に紹介するための文書です。普通，紹介する上司が直接書くことになります。

上司から見て目下の人宛てならば，自分の名刺に紹介の言葉を書いて印を押し，紹介状に代える場合もあります。目上の人宛てに書く場合は，簡略化しないで紹介文を書き，封をしないで被紹介者に渡します。紹介状を書いたら，紹介先に電話などでそのことを知らせます。

紹介状には封をしません。だからといって，来客が持ってきた紹介状の書面を秘書が見て確認するようなことをしてはいけません。

◆慶弔状

慶弔（けいちょう）の際は，本来直接出向いてあいさつするのが礼儀ですが，それができない場合は電報（祝電・弔電）を打つか，手紙を出します。注意点は以下の通りです。

- ●慶弔を知ったら，事実を確認し，できるだけ早く書く。
- ●相手の身になって書く。特に弔事の場合は相手の心情を思いやる心遣いが求められる。
- ●悔やみ状は頭語や前文を省き，すぐ主文に入る。忌（い）み言葉*には気を付ける。
- ●電報なら115番に電話し，「慶弔扱い」と頼み，宛先と電文を読む。（インターネットからでも可）

◆見舞状

先方の病気や災害などを見舞う場合は前文を省き，すぐ主文に入ります。

◆招待状・案内状

会合やパーティー，式典などの催しに参加を求める手紙です。パーティーなどで主催者が費用を持ち，特定者を招く場合は招待，一般に呼びかけて会費を取るのが案内です。

◆あいさつ状

役職者の異動，新店舗開設，事務所移転の案内などを取引先などに知らせ，それを機会に一層の厚意と支持をお願いする，社交上の儀礼的な書状のことです。

◆礼状

先方の厚意や尽力に対しては，その都度感謝の気持ちを伝えることが大切です。礼状はすぐに出すように心がけます。

Let's Study! よく出る問題

■適当＝○か不適当＝×か考えてみよう。

□①わび状や通知文などの最後には，文書の終了を意味する「以上」を書かなければいけない。

□②社交文書でも，横書きの場合の数字は算用数字に統一する。

□③悔やみ状は，深く弔意を表すために，前文を丁寧に書くのがよい。

解説：①「以上」は，事務文書の最後に書いて，用件はここまでという意味を表す言葉である。わび状は，こちらの落ち度をわびて許しを乞う文書であるから，丁寧に書き表わすことが必要。「以上」は書かない。
解答＝×

②横書き文書であっても，数字を漢数字で書く場合がある。例えば，固有名詞の四国や概数の数百億などである。従って，横書き文書だからといって数字を算用数字に統一するというのは不適当である。
解答＝×

③前文というのは，用件に入る前のあいさつである。悔やみ状というのは，手紙の性格上，あいさつは抜きにして，何をおいても，まずお悔やみを述べることになる。省かなければならない前文を丁寧に書くというのは不適当ということになる。
解答＝×

第5章 技能

用語Check　【忌み言葉】　縁起がよくないとして使用することを避ける言葉。例えば，悔やみ状の「重ね重ね」，結婚の祝詞の「去る」「再び」など。

4 ビジネス文書の慣用語句

これだけは押さえておきたい
Key フレーズ 「返信する場合の頭語は拝復を用いる」

相手の手紙に対して返事を書く場合の頭語は「拝復」とし, 結語は「敬具」を用います。返信のときに「拝啓」などとしないように注意します。

☆ 時候のあいさつ

時候のあいさつには以下のようなものがあります。

	時候のあいさつの例
1月	お健やかに新春をお迎えのことと存じます。／厳寒の候／厳冬の候
2月	余寒なお厳しい折から／向春の候／余寒の候
3月	日ましに暖かになりますが／早春の候／春寒の候
4月	よい季節になりましたが／陽春の候／春暖の候
5月	若葉の季節となり／新緑の候／薫風の候
6月	梅雨の長雨が続いていますが／初夏の候／梅雨の候
7月	急にお暑くなりましたが／盛夏の候／猛暑の候／炎暑の候
8月	立秋とは名ばかりの暑さですが／残暑の候／晩夏の候
9月	朝夕はしのぎやすくなり／新秋の候／初秋の候
10月	秋色いよいよ深まりましたが／秋冷の候／紅葉の候
11月	菊花香る折りから／霜降の候／晩秋の候／向寒の候
12月	暮れも押し迫ってまいりましたが／歳晩の候／初冬の候

☆ 頭語と結語の組み合わせ

前文の最初に書くのを「頭語」, 末文の行末に書くのを「結語」といい, 基本の組み合わせを文書の性格や内容によって使い分けます。

頭語	結語	用途
拝啓	敬具	一般の往信
拝復	敬具	一般の返信
謹啓	敬白, 敬具	特に丁重なときに
前略	草々	急ぎのときなど
（省略）	以上	事務的に扱うとき

☆ 前文に用いる慣用句

　前文は頭語の次に1文字分空けて書きますが，時候のあいさつのほか，相手の健康や繁栄を喜ぶあいさつ文を入れるのが一般的です。

●団体宛ての場合　　拝啓　陽春の候，貴社（貴店，貴行）におかれましては，ご隆盛(りゅうせい)のこととお喜び申し上げます。

　　　　　　　　　　謹啓　盛夏の候，貴社（貴店，貴行）ますますご発展のこととお喜び申し上げます。

　　　　　　　　　　時下ますますご繁栄のことと拝察いたします。

●個人宛ての場合　　拝啓　初夏の候，貴殿におかれましては，ご清祥(せいしょう)のことと，お喜び申し上げます。

　　　　　　　　　　時下ますますご健勝のこととお喜び申し上げます。

●感謝のあいさつ　　謹啓　新秋の候，平素は格別のお引き立てを賜り，厚く御礼申し上げます。

　　　　　　　　　　謹啓　晩秋の候，毎度ひとかたならぬご厚情を賜り，深く感謝申し上げます。

☆ 末文に用いる慣用句

●用件をまとめる場合

　　　　　　　　　取りあえず，ごあいさつかたがたお願い申し上げます。

　　　　　　　　　取り急ぎ用件のみ申し述べました。

●本来なら出向いてあいさつすべき内容の場合

　　　　　　　　　まずは，取りあえずご報告申し上げます。

これは 間違い！

間違いの理由

猛暑が続く8月の季節のあいさつには，「猛暑の候」としています。

◀　いくら猛暑であっても，立秋（8月8日ごろ）以降は残暑の候とします。

5 ビジネス文書の敬語

「謙譲語は自分に対して使う」

謙譲語は自分をへりくだることによって，相手を高める敬語の用法です。従って，自分に対してしか使いません。「参られる」や「拝見される」，「ご拝聴願う」などとしても相手に使う尊敬語にはなりません。

☆ 尊敬表現と謙譲表現 *理解したらチェックしよう

相手方を敬うときに用いるのが尊敬表現，自分を低めて相手を敬うときに用いるのが謙譲表現です。両者の違いをよく理解して正しい敬語表現を身に付けるようにしましょう。

名詞の場合	尊敬（相手方）	謙譲（自分側）
□ 本人・職業	○○様／貴職／貴殿／先生	私／当職／本職
□ 団体・組織	貴社／御社／貴校／貴店	当社／当行／当課／弊社
□ 場所・土地	御地／貴地／貴方面／貴県	当地／当方面／弊地／僻地
□ 住居	貴邸／尊宅	拙宅／拙家／小宅
□ 物品	佳品／結構なお品／ご厚志	粗品／寸志
□ 手紙	ご書面／お手紙／ご書状	書面／手紙／書中／書状
□ 意見	ご高見／ご高説／ご所感／お申し越し	所見／私見／考え／私案／卑見／所感
□ 配慮	ご配慮／ご高配／ご尽力／ご助力／ご指導／お引き立て	配慮／留意
□ 授受	お納め／ご査収／ご入手／ご笑納／ご一覧	拝受／入手／受領／受納／頂戴
□ 訪問	おいで／お越し／ご来社／お立ち寄り／ご来臨	お伺い／参上／ご訪問
□ 息子	ご令息様／ご子息様／お子さま	息子
□ 娘	ご令嬢様／お嬢さま／ご息女様	娘
□ 家族	皆々様／ご一同様	一同／家族一同

動詞の場合	尊敬（相手方）	謙譲（自分側）
□ 言う	おっしゃる／言われる	申す／申し上げる
□ 聞く	お聞きになる／聞かれる／お耳に入る	伺う／拝聴する
□ 行く	いらっしゃる／行かれる	伺う／参る
□ 来る	いらっしゃる／来られる／おいでになる／おみえになる	伺う／参る
□ 会う	お会いになる／会われる	お目にかかる／お会いする
□ 食べる	召し上がる／食べられる	いただく／頂戴する
□ 読む	お読みになる／読まれる	拝読する
□ 思う	お思いになる	存ずる
□ する	なさる	いたす
□ 訪ねる	おいでになる	お訪ねする／伺う
□ 見る	ご覧になる	拝見する／見せていただく
□ 尋ねる	お尋ねになる	伺う／お尋ねする
□ 与える	賜（たま）う／くださる	差し上げる
□ いる	いらっしゃる／おいでになる	おる
□ 知る	お知りになる／ご存じになる	存ずる／存じ上げる

これは 間違い！

私は，封筒の宛名に「株式会社F物産　各位」と書いてます。

間違いの理由

「各位」は「皆さま方」という意味で，複数の人宛ての文書に使う敬称。一人や一団体には使えない。このような場合は，「御中」を用いましょう。

Let's Study！
よく出る問題

■社交文書などで，相手側のことを書くとき，次の言葉はどのように書けばよいか。
- □①意見。
- □②相手。
- □③息子。
- □④妻。
- □⑤住居。

解答①＝ご高見，ご高説，貴意。
　　②＝あなた様，貴殿。
　　③＝ご子息，ご令息。
　　④＝奥さま，夫人，ご令室様，奥方様。
　　⑤＝貴邸，ご尊宅。

6 メモと簡単な口述筆記

「会議中，面談中の連絡事項はメモで伝える」

上司が会議中や面談中に，急用などで連絡を取らなければならないことが起こった場合は，口頭ではなく必ずメモで伝えて，指示を待つようにします。小声でも口頭で伝えてはいけません。

☆ メモの種類と取り方の要領

メモは「メモランダム」の略。大事なことを忘れないように書き留めておく備忘録のことで，非公式文書です。目的にあった上手なメモの取り方をマスターしておくことは，秘書として重要なことです。

◆メモの種類

メモを目的別に分けると，次の3種類に大別できます。

●**心覚えメモ**　自分のために作るメモ。来客の名前と特徴を覚えるために名刺の裏に書いたり，上司の指示を忘れないように書くメモなどがある。

●**伝言メモ**　上司の留守中にかかってきた電話の内容などを伝言するために書くメモ。

●**相互協力の**　仕事の打ち合わせなどをする場合，お互いに確認し合っ**ためのメモ**　たことなどを書き留めておくメモ。

◆メモの取り方の要領

メモを取る際は，「要点は何か」を意識して相手の話を聞くことが大切です。そのほか，以下のことにも留意します。

●5W3Hのまとめ方を基本にする。特に，「誰から，誰に」は重要な要素。

●メモした後は，復唱して確認する。

●人名，日付，時間，数量，場所などは念を入れて確認する。

●勝手な判断や推測を書かない。

●人に渡すメモは，読みやすい字で書く。

●名刺を受け取ったときは，日付とともにその人の特徴を書いておく。

> メガネ
> 話し好き
> 温厚な感じ
> 藤田部長の紹介
> ○年○月○日

⬆ 名刺の裏に書くメモ。

☆ 簡単な口述筆記の仕方

　中級以上の秘書になると，簡単な口述筆記の技能が求められます。口述筆記は人の話を聞いて書いていくものです。

　口述筆記については，以下のことに留意します。

- ●常に「要点は何か」を意識しながら，上司の話を漏らさず聞く。
- ●話を聞きながら要点をメモする。
- ●自分なりの略号や符号を活用すると手早くメモすることができる。
- ●同音異義語*を誤らないように注意する。
- ●後で読んで分かるように書く。
- ●メモを見ながら復唱し，聞き違いがないか確認する。日付，時間，場所，数量，金額，人名は念を入れて確認する。
- ●記憶が薄れないうちに不足部分を補っておく。

よく出る問題

■適当＝○か不適当＝×か考えてみよう。
- □①上司の口述筆記の際にしたメモは公式文書である。
- □②複雑な内容の電話を受けたときには，必ずメモを取るようにしているが，上司に口頭で伝えた後は，すぐ破棄するようにしている。
- □③上司に説明したり報告したりするとき，数字や分かりにくい固有名詞を正確に伝えるためにメモを渡すようにしている。

解説：①口述筆記のメモであっても，それは正式な文書にするまでの個人的な覚え書である。個人的な文書は公式文書とはいわない。非公式文書である。
解答＝×
②複雑な内容のメモや重要な用件を書いたメモは，上司に伝えた後も，しばらくは保管しておくようにするのがよい。上司が，再度確認したりする場合があるからであり，そのようなときに，メモを破棄していては，不確かな記憶に頼って答えるしかなくなるからである。
解答＝×
③口頭で正確に伝えにくい場合は，メモを活用する。
解答＝○

これは 間違い！

電話の伝言メモは，上司の机の上に置き，上司が帰社してしばらくしたらメモを読んだかどうか確認しています。

間違いの理由

メモを机の上に置くのはよいが，上司が戻ってきたら，口頭でも報告するようにし，処理について指示を仰ぐようにすることが大切です。

第5章 技能

用語Check 【同音異義語】　同じ音を持つが意味が違う言葉。例えば，「照会，紹介，商会」や「対象，対照，対称，対症」など。

■これだけは押さえておきたい■
Key フレーズ 「構成比が分かるのが円グラフと帯グラフ」

ある会社の各製品の売上構成比が一目で分かるグラフは円グラフか帯グラフ
です。円周の全体，または帯の長さの全体を100％として，それぞれの製品の
構成比の大小を面積で表します。

☆ 円グラフの特徴と作成上の留意点

構成比を示すグラフとして最も利用されているのが円グラフです。

◆円グラフの特徴

円グラフとは，円周の全体を100％とし，項目の構成比を扇形の大
小で表現するグラフです。パイグラフ（パイチャート）とも呼ばれます。

◆円グラフの作成手順と留意点

円グラフは次の手順で作成します。

①構成項目の百分率（パーセンテージ）を求め，角度に換算する。

②円を描き基線（円の頂点と中心点を結ぶ線）を最初に入れる。

③構成項目は大きい比率のものから右回りに描く。ただし，アンケート
調査などで使用する「非常によい」「よい」「どちらともいえない」「よ
くない」「非常によくない」といった項目は，比率に関係なくこの順に
並べるとよい。「その他」は比率の大小に関係なく最後にする。

④構成要素と比率を記入する。

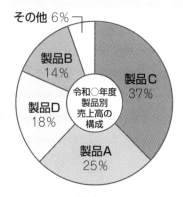

🔷 円グラフの例

🔷 円グラフの基線。

🔷 中央にタイトル
を入れる場合の
基線。

項目を分かりやすくする
ために色分けしたり斜線
を入れています。

☆ 帯グラフの特徴と作成上の留意点

帯グラフの特徴と作成上の留意点は以下の通りです。

◆帯グラフの特徴

　帯グラフとは，帯の全体の長さを100％とし，項目の構成比を長方形の面積の大小で表現するグラフです。同じ項目を年度別や国別，地域別などに比較する際に用いると便利です。

◆帯グラフの作成手順と留意点

　帯グラフは次の手順で作成します。

①構成項目の百分率（パーセンテージ）を求め，帯の長さに換算する。

②構成項目は比率の大きい順に左から区切っていく。ただし，年度別比較などで複数の帯グラフを並べて書く場合は，最初に並べた項目順を変えず，比較しやすいようにする。

③構成要素と比率を記入する。

製品別売上高構成比の推移

前年度上期	C製品 25%	B製品 22%	A製品 17%	E製品 14%	D製品 10%	その他 12%
前年度下期	C製品 20%	B製品 16%	A製品 19%	E製品 20%	D製品 11%	その他 14%
今年度上期	C製品 26%	B製品 21%	A製品 20%	E製品 11%	D製品 12%	その他 10%

☝ 帯グラフの例。

グラフを作成するときには，タイトル，調査年月日を明記するようにし，また，他の資料に基づいて作成する場合は，調査機関，引用資料（出典）も明記しています。

第5章 技能

1 難易度 ★★☆☆☆ できないと アヤウイ! チェック欄

　次は，令和４年度Ｕ社製品別売上高の構成比率を表にしたものである。これを分かりやすい円グラフにしなさい（定規を使わずに書いてよい。分割の大きさは目分量でよい）。

Ｘ製品	Ｙ製品	Ｚ製品	その他
10％	45％	30％	15％

2 難易度 ★★☆☆☆ できないと アヤウイ! チェック欄

　次は秘書Ａが書いた手紙の前文である。中から<u>不適当</u>と思われるものを一つ選びなさい。

1）拝啓　貴社ますますご発展のこととお喜び申し上げます。
2）謹啓　貴殿ますますご健勝のこととお喜び申し上げます。
3）前略　時下ますますご隆盛のこととお喜び申し上げます。
4）拝復　貴社ますますご繁栄のこととお喜び申し上げます。
5）拝啓　貴殿ますますご清祥のこととお喜び申し上げます。

3　難易度 ★★☆☆☆　 できないと アヤウイ!　　チェック欄 □

　次は手紙の慣用表現と，それを普通の言い方にしたものとの組み合わせである。中から<u>不適当</u>と思われるものを一つ選びなさい。

1）ご放念ください　　　　　　　──　お許しください
2）遺憾に存じます　　　　　　　──　残念に思います
3）所感を申し上げます　　　　　──　感想を言います
4）幸甚に存じます　　　　　　　──　大変ありがたいと思います
5）鋭意努力いたす所存でございます　──　一生懸命努力するつもりです

4　難易度 ★★★☆☆　できて ひとまずホッ!!　　チェック欄 □

　次の文書の説明の中から<u>不適当</u>と思われるものを一つ選びなさい。

1）「委任状」とは，その人に任せたことを証明する文書のことである。
2）「趣意書」とは，ある物事を始めるときの目的や考えを書いた文書のことである。
3）「照会状」とは，照らし合わせた結果，間違いないと証明する文書のことである。
4）「始末書」とは，過失や事故をわびるために，いきさつを説明する文書のことである。
5）「進退伺」とは，責任を取って辞職すべきかどうかの判断を上司に仰ぐ文書のことである。

第5章 技 能

次は秘書Aが転勤が決まった上司から，あいさつ状を作成するようにと指示されて書いた手紙文である。（　）内に入る適切な語を答えなさい。
※①以外は漢字2文字で答えること。

> 拝啓　向暑の候，貴社ますますご発展のこととお喜び申し上げます。
> 　（　①　），私こと，このたび大阪支店勤務を命じられました。東京本社（　②　）中は公私共にひとかたならぬご厚情を賜り，厚く御礼申し上げます。
> 　昨今の経済情勢は厳しいものがございますが，（　③　）ながら新任務に精励いたす（　④　）でございます。何とぞ今後とも変わらぬご支援を賜りますようお願い申し上げます。
> 　まずは，略儀ながら書中をもってごあいさつ申し上げます。
> 　　　　　　　　　　　　　　　　　　　　　　　　　　　敬具

① (　　　　　　)
② (　　　　　　)
③ (　　　　　　)
④ (　　　　　　)

次は秘書Aが書いた日付である。中から不適当と思われるものを一つ選びなさい。

1）年賀状に「令和5年元旦」
2）伝言メモの記入日を「2／3」
3）歳暮の添え状に「令和4年12月吉日」
4）部内会議の通知状の発信日を「R5.2.1」
5）同期の新年会の案内状の発信日を「2023.1.10」

1＝【解答例】右図参照。

令和4年度U社製品別売上高構成比率

2＝3)「前略」とは前文を省略するという意味。「時下ますますご隆盛のこととお喜び申し上げます」は前文である。前文を省略すると書いておいて前文を書いているので不適当ということである。

3＝1)「ご放念ください」の普通の言い方は「心配しないでください」。「お許しください」の手紙の慣用表現は「ご容赦ください」などだから，組み合わせとして不適当ということである。

4＝3)「照会状」とは，不明な点を問い合わせて確かめるための文書のことである。

5＝①さて　②在勤・在任　③微力　④所存

6＝3)「吉日」とはめでたい日という意味だから，祝い事の招待状などに「○年○月吉日」のように書くことはある。が，歳暮の添え状は日ごろの礼を述べて贈り物を送ることを伝えるものなので，日付を書くか年月のみとする書き方でよい。吉日は不適当である。

合否自己診断の目安

　正解率60％以上を合格の目安としてください。ここでは，6問出題したので，4問以上の正解でクリアです。

2　ビジネス文書の作成	6問中	問正解	●正解率＝	％

グラフの問題は，実際にグラフを作成する問題がよく出題されるので，練習しておくことが大切です。2級では帯グラフ，円グラフの作成問題が出題されます。

文書の取り扱い

文書の受信・発信

■これだけは押さえておきたい■
Key フレーズ 「業務用の手紙は開封し，『親展』は開封しない」

上司宛ての手紙は，普通郵便，速達にかかわらず秘書が開封して渡します。
ただし，「親展」と封筒に書いてある場合は，開封しないで渡します。

☆ 受信文書の取り扱い

　上司宛てに来た手紙は，業務に関する手紙と私信に仕分けします。

　業務に関する手紙は秘書が開封して，中の文書を広げたものに封筒をクリップで留めて渡しますが，私信は開封せずに上司に渡します。

　私信以外に開封しないで渡す手紙（文書）には以下のものがあります。

- ●封筒に印刷された社名が消してある等私信か業務用か不明な文書は，私信扱いにし開封しない。
- ●業務用の文書でも，書留は開封しない。また「親展（本人に開封を求めること）」の表示があるものは，「秘」扱い文書とし開封しない。

> 私信，不明文書，書留，親展は開封しないで渡しています。

◆開封して上司に渡す文書

　上記以外の文書は開封し，次の要領で渡しますが，ＤＭや広告物などは，上司が興味を持っていないものは処分します。

- ●請求書や見積書は計算チェックをする。同封物がある場合は照合，確認する。
- ●こちらからの往信に対する返事には，往信のコピーを添付する。
- ●必要に応じて文書の要点をメモしたり，重要部分にアンダーラインを引く。
- ●文書に封筒をクリップで留め，重要なもの，優先するものを上にする。

☆ 社外文書発信の留意点

　秘書は，上司の指示に従って上司の業務用の文書や私信を発送します。発送の際は次の点に留意します。

- しっかりのりで封をする。ホチキスは避ける。
- 親展・儀礼的な文書には，封じ目に〆印を書くか封印を押す。
- 切手を貼るときは，正確な料金を調べて過不足のないようにする。

☆ 「秘」扱い文書の取り扱い

　「秘」扱い文書の取り扱いについては，以下のことに留意します。

◆社内での取り扱い

　社内での「秘」扱い文書は，ケース別に適切な処理をするよう心がけます。

●個人宛てに渡す	封筒に「秘」ではなく「親展」と表示して封をする。
●他部署に渡す	文書受渡簿に記入しておき，渡すときに受取印をもらう。
●配布する	文書に通し番号を付け，配布先を記録しておく。
●コピーを取る	必要部数だけコピーして記録しておく。
●廃棄する	廃棄するときやミスコピーは文書細断機などで処理する。
●ファイルする	一般文書とは別にし，鍵付きのキャビネットで管理する。

「秘」扱い文書を取り扱い中に，短時間でも離席する場合は，必ず机の引き出しにしまっています。

「秘」扱い文書をコピーするときは，人のいない時間帯を選んでいます。

◆社外に発送する

　社外に「秘」扱い文書を発送する場合は次の点に留意します。

- 必ず受発信簿に記録する。二重封筒にし，内側の封筒には「秘」の印を押す。外側の封筒は透けないものを用い，「親展」と記して封をする。
- 郵送するときは，簡易書留にする。発送後，受信者宛てに「秘」扱い文書を送ったことを電話で連絡しておく。

第5章　技　能

2 郵便の基礎知識

Keyフレーズ 「宛名人に開封してほしいときは『親展』とする」

「秘」扱い文書など，宛て名人に直接開封してもらいたいときには，封書の表に「親展」と表記します。また，急ぎの場合は「至急」，写真を同封する場合は「写真在中」などとします。

☆ はがきの知識

以下のような「はがき」の基本的な知識を知っておきます。

◆はがきの書き方

はがきの通信文は裏面だけでなく，宛名を読むことができれば表面（印刷面）にも書くことができます。また，収入印紙やシール，薄い紙なども貼ることができます。

◆往復はがきの書き方

返信用はがきは，図①のように出席・欠席の該当しない方を消し，該当する方は丸囲みをしてもよいし，しなくても構いません。また，「御出席」「御住所」の「御」，御芳名の「御芳」など，こちらについている敬称は2本線で消します。宛名の「行」も2本線で消し，個人宛てなら「様」や「殿」，会社や団体宛てなら「御中」に書き直します。

図① 往復はがきの返信の仕方

☆ 封書の知識

以下のような「封書」の基本的な知識を知っておきます。

◆定形郵便物

定形郵便物とは，長さが14cm～23.5cm，幅が9cm～12cm，厚さが1cm以内，重量が50g以内の郵便物のことです。それ以外は定形外郵便物になります。また，簡易な封書として郵便書簡（ミニレター）もあります。

◆宛名の書き方

宛名の書き方には，縦書き（図②）と横書きがあります。横書きには，封筒を縦位置に置く縦長式（図③）と，封筒を横位置に置く横長式（図④）とがあります。切手の下は消印で汚れるのでスペースとして空けておきます。

図② 縦書き

図③ 横書き（縦長式）

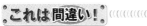
🔼 図④　横書き（横長式）

これは 間違い！

写真を封書で送るときは，誤って破らないように「写真同封」と封筒に表記しています。

間違いの理由

写真を封書で送る場合は，「写真在中」と書きます。これはこのような場合の決まり文句です。

Let's Study! よく出る問題

■適当＝○か不適当＝×か考えてみよう。

□ 上司が欠席するときは返信はがきに，「申し訳ございませんが，時間がないため，欠席させていただきます」と書くようにしている。

解説：欠席の返事をするときは，出席したいができないというニュアンスが必要である。「外せない所用のため」などとするのがよい。

解答＝×

第5章 技 能

☆ 大量の郵便物の発送

大量の郵便物を送るときには，下記のような日本郵便の郵便制度を利用します。

◆料金別納郵便

料金が同じ郵便物を，同時に10通以上（ゆうパックは1個からでもよい）出すときに利用できます。事前に右図のように印刷しておくと，切手を貼る手間が省けます。料金はその都度，まとめて窓口で支払います。

◆料金後納郵便

毎月50通以上の郵便物（ゆうパックは10個から）を出す場合に利用できます。事前に承認を受けて右図のように切手に代わるものとして印刷しておけば，料金は翌月末日までに現金で納付してよいことになっています。

◆料金受取人払

アンケートなどで，相手側に料金負担をかけずに返信をもらいたいときに利用します。利用する際は，あらかじめ配達郵便局の承認を受けて，右図のような表示をしておきます。受取人は返信を受けた分だけの郵便料金と手数料を支払います。

◆郵便区内特別郵便

同じ差出人が，同じ形・重さ・取り扱いの郵便物を同時に100通以上，同一郵便区内に出す場合に割安な料金で利用できます。大きさ，重さに制限があり，「郵便区内特別」の表示をする必要があります。

☆ 特殊取扱郵便物

　郵便物を次のような特殊取扱郵便物とする場合は，通常の料金に特殊取扱料金が加算されます。

◆速達と書留

　郵便物を速く送りたいときには「速達」扱いに，貴重品を送りたいときには書留にします。この両方を利用することもできます。

● **速達**　郵便物の最上部の右側に赤線を入れるか，赤字で「速達」と書く。

● **書留**　引き受けたときと配達したときの記録が残るので郵便物を確実に届けられる。万一事故で届かなかったときは，損害賠償が受けられる。現金は，「現金書留」で，小切手，手形，郵便為替，商品券などは「一般書留」で，重要書類や原稿，また，5万円までの有価証券などは，「簡易書留」で送る。どれも通信文を同封できる。
※現金書留は祝儀袋や不祝儀袋をそのまま入れて利用できるので便利。

☆ さまざまな通信法

　通信方法には，電話や手紙以外に次のような方法があります。

◆ファクシミリ

　一般にはファクスと呼ばれます。電話回線を利用し，時間をかけずに，資料（文書・図面・地図・写真・絵など）を遠く離れた相手と送信・受信することができます。料金は通信に要した時間を通話料として計算されます。

◆電子メール

　Eメールあるいは単にメールとも呼ばれます。インターネット接続業者（プロバイダと呼ばれます）と契約し，インターネットを利用して通信します。

　プロバイダと契約している企業は，それぞれの部署や担当ごとに仮想の郵便受け（この住所をメールアドレスといいます）を持っているので，取引のある会社は互いにアドレスを交換し，担当者同士がそこに通信文を送って電子文書のやりとりをします。また，本社と支社，営業所間もこの電子メールで通信を行います。

第5章 技能

---

1 難易度 ★★☆☆☆ できないと アヤウイ!　　　チェック欄

　次は，電子メールについて述べたものである。中から<u>不適当</u>と思われるものを一つ選びなさい。

1) 誰にいつ何を送信したかの履歴が残るので，後から確認ができる。
2) 添付ファイルを安全に送るためには，パスワードを付けるとよい。
3) 相手がすぐに見てくれるとは限らないので，急用のときは電話の方が確実でよい。
4) あいさつ状や式典の招待状などを添付して，複数の人に同時に送ることができてよい。
5) 受信したメールに添付されている画像やデータは，別に保存して加工することができる。

---

2 難易度 ★★☆☆☆ できないと アヤウイ!　　　チェック欄

　次は秘書Aが，記念式典などの招待状に同封されている返信はがきを，欠席として出すときの書き方である。中から<u>不適当</u>と思われるものを一つ選びなさい。

1)「ご出席」と書いてある箇所は，二本線で消している。
2)「ご欠席」と書いてある箇所は，「ご」を二本線で消している。
3)「ご芳名」と書いてある箇所は，「ご」を二本線で消している。
4) 欠席の理由は，「所用のため」などと書いている。
5)「ご盛会をお祈りいたします」などと書き添えている。

3 　難易度 ★★★☆☆ できて ひとまずホッ!! 　　　　チェック欄 □

　次は秘書Aが，上司宛ての郵便物を上司に渡すときに行ったことである。中から**不適当**と思われるものを一つ選びなさい。

1）取引先から事務所移転の通知が届いたので，取引先名簿を訂正してから渡した。
2）封筒の表に至急と書いてあったので，開封せず他の郵便物の上に載せて渡した。
3）上司が取材を受けた業界誌の掲載号が届いたので，掲載ページに付箋を付けて渡した。
4）社名が印刷された封筒だったが，裏に個人の住所氏名が書いてあったので開封せずに渡した。
5）取引先の創立記念祝賀会の招待状が届いたので，当日の上司の予定を書いたメモを添えて渡した。

4 　難易度 ★★★☆☆ できて ひとまずホッ!! 　　　　チェック欄 □

　秘書Aは上司から，会議の資料をセットして事前にメンバーに配布しておくようにと指示された。資料は「秘」文書である。次は，このときAが順に行ったことである。中から**不適当**と思われるものを一つ選びなさい。

1）会議のメンバーとセットの仕方を上司に確認し，人数分準備した。
2）余分にコピーしてしまったので，原本と一緒に鍵のかかるキャビネットに保管した。
3）配布資料には通し番号を付け，「秘」の印を押して封筒に入れた。
4）渡すときは秘文書とは言わずに渡し，受渡簿に受領印をもらった。
5）メンバーの一人が外出中だったので，秘書に受領印をもらい資料を預けた。

次は秘書Aが，文書を郵送するときに配慮したことである。中から<u>不適当</u>と思われるものを一つ選びなさい。

1) 祝い事に関するものだったので，普通切手ではなく慶事用の切手を貼って送った。
2) 文書を封筒に入れて重さを量ったところ送料の変わる境目の重さだったので，念のため次の重さの送料で送った。
3) S支店の社員全員に配布してもらうためパンフレットを30部送ったとき，封筒の宛名は「S支店社員各位」にした。
4) 受取人から，今週は不在なので来週着でいいと言われていたとき，Aとしても急いでいなかったのでそれに合わせて送った。
5) A4判の文書10枚を三つ折りにして定形最大の封筒で送ることもできるが，受取人のことを考えて折らずに角形の封筒で送った。

次は秘書Aが，上司宛ての郵便物を受け取ったときに行っていることである。中から<u>不適当</u>と思われるものを一つ選びなさい。

1) 上司宛てでも内容によっては，担当者に直接渡している。
2) 開封した郵便物は，文書と一緒に封筒も付けて上司に渡している。
3) 必要ないと思われるダイレクトメールは，上司に断らずに処分している。
4) 取引先からの就任のあいさつ状は，前任者の名刺を添えて上司に渡している。
5) こちらからの文書に対する返信には，出した文書の控えを添えて上司に渡している。

1＝4）電子メールは，複数の人に同時に送ることができるが，効率を重視した連絡手段であり，格式を重んじる案内には向かない。従って，あいさつ状や式典の招待状のような儀礼的な文書を送るのに電子メールは不適当ということである。

2＝3）「ご」を消すのはよい。が，「芳名」は名前という意味の尊敬語だから，返信するときは「ご芳」の2文字を消さないといけない。従って，3）は不適当ということである。

3＝2）「至急」とは用件を非常に急ぐという意味だが，開封には関係のないこと。従って，他の郵便物の上に載せたのはよいが，開封しなかったのは不適当ということである。

4＝2）「秘」文書は関係者以外の目に触れてはいけないもの。余分にコピーしてしまったらシュレッダーなどで処分しないといけないので，保管したのは不適当ということである。

5＝3）「各位」は「皆さま方」という意味で，文書の中で使う敬称。封筒の宛名に使うのは不適当ということである。

6＝4）この場合上司に必要な情報は，これから関わる新しい人のこと。前任者のことは上司も知っているので，名刺を添えても意味がなく不適当である。

合否自己診断の目安

正解率60％以上を合格の目安としてください。ここでは，6問出題したので，4問以上の正解でクリアです。

3　文書の取り扱い	6問中 ☐ 問正解 ●正解率＝ ☐ ％

郵便に関する問題はよく出ます。最近は携帯のメールで済ませることが多いためか，手紙を書く習慣がなくなってきているようです。郵便を利用したことがない人にとっては，知らないことが多いのではないでしょうか？
企業では郵便を利用することが多いので，この機会にしっかり勉強しておきましょう。

文書・資料管理

バーチカル・ファイリングの基本

■これだけは押さえておきたい■
Key フレーズ 「カタログは『主題別整理』にするのが便利」

カタログ類は，会社別など「相手先別整理」をするよりも，「プリンター」，「スキャナー」，「パソコン」などと内容によって分類する「主題別整理」の方が製品を購入するとき比較検討ができるので便利です。

☆ バーチカル・ファイリング

　書類をとじないでフォルダーに挟み，キャビネット（文書整理だんす）の引き出しに立てて，あるいはつり下げて並べる整理方法のことをキャビネット式整理法といいますが，一般的には「バーチカル・ファイリング」と呼ばれています。この方法の長所は次のような点です。

立てて並べるのではなく，キャビネット内のハンギングフレーム（ファイルをつるす枠）につり下げて並べる方法をハンギング式バーチカル・ファイリングといいます。

● 書類をとじる手間が省け，書類に穴を開けずに済む。
● 文書の増減や取り出しが簡単である。
● とじ具がないのでフォルダーが薄くて済む。

これは 間違い！

バーチカル・ファイリングとは，五十音順に分類した相手先別整理をするための整理法のことです。

間違いの理由

バーチカルとは，「垂直の」「直立した」という意味です。バーチカル・ファイリングとは，書類をとじずにフォルダーという書類挟みの中に入れて，キャビネットの引き出しに立てて並べるかつり下げて並べる整理法のこと。相手先別整理だけに用いるとは限りません。

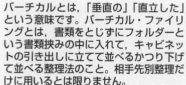

🔺 ハンギング式の例。

☆ 書類の整理法

　書類をまとめる際の原則は，「よく一緒に使う書類は，同じフォルダーに入れる」ということです。まとめ方としては，次のような整理法があります。

●相手先別整理

手紙，書類など相手先ごとにまとめる方法。先方とのやりとり，照会したこととその回答など，いきさつがよく分かって便利。複数の相手先を整理するには，五十音順，アルファベット順などの方法がある。

🔼 相手先別整理の例。

●主題別整理

書類や資料の内容から，そのテーマ別にまとめる整理法。カタログや文献など，内容・テーマが問題になる場合の整理に用いる。

🔼 主題別整理の例。

●標題別整理

「発注書」や「請求書」などの伝票や「店別売上月報」のような帳票化した報告書などは，その標題をタイトルにしてまとめる。

●一件別整理

特別な取引・工事・行事に関する資料を，一件別に一括してまとめる整理法のこと。

🔼 標題別整理の例。

●形式別整理

「通知・通達文」「年賀状」「悔やみ状」などの文書の形式をタイトルとしてまとめる整理法。

🔼 形式別整理の例。

🔼 一件別整理の例。

■これだけは押さえておきたい■
Key フレーズ 「第2ガイドは中見出しとして利用する」

五十音順分類では，第1ガイドには「ア」，「イ」，「ウ」などの見出しのガイドを置いて分類しますが，「ア」の項目にあるフォルダーの数が増えて探しにくくなったら，第2ガイドを中見出しとして使い，細かく分類します。

☆ バーチカル・ファイリングの用具

　バーチカル・ファイリングに使用する用具は，フォルダー，ガイド，ラベル，キャビネットです。

●フォルダー　厚紙を二つ折りにした書類挟みのこと。折り目を下にしてキャビネットに収納する。個別フォルダーと雑フォルダーの2種類がある。

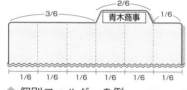

⬆ 個別フォルダーの例。

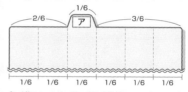

⬆ 雑フォルダーの例。

「青木商事」の個別フォルダーには，青木商事に関する書類が入ります。

「ア」の雑フォルダーには，個別フォルダーを持っていない「赤坂電機」，「安藤工業」など「ア」に属する各社の書類が雑居しています。

●ガイド　　　「ア」「イ」「ウ」などキャビネットの引き出しに並べたフォルダーのグループを区切り，見出しにするための厚紙。

●ラベル　　　「青木商事」などタイトルを書いてフォルダーのタブ（山）に貼る紙。

⬆「ア」のガイド例。

●キャビネット　文書整理だんす。正しくは，バーチカル・ファイリング・キャビネットという。

☆ バーチカル・ファイリングの整理方法

　キャビネット内のフォルダーは一定の基準で整理することになります。例えば，相手先別整理のフォルダーを五十音順に整理してみると以下のような手順になります。

① 「ア」のガイドを先頭に置く

「ア」で始まるグループの見出しになる。

② 「ア」の会社の個別フォルダーを置く

「相川工業」，「青山電機」，「秋葉産業」，「浅川文具」，「荒木物産」などの個別フォルダーを置いていく。

③ 「ア」の雑フォルダーを置く

「ア」で始まる会社名で，個別フォルダーを持っていない会社の書類が雑居しているフォルダー。

④ 「イ」のガイドを先頭に置く

「イ」で始まるグループの見出しになる。

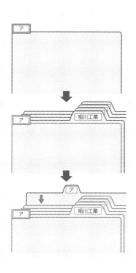

④以下は①〜③同様に「イ」「ウ」「エ」「オ」……と同じことを繰り返していきます。

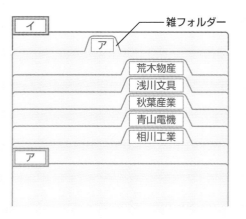

横幅は6分の1カットシステムになっています。それぞれのタブ（山）の位置に注意してください。第2ガイドはさらに詳しい見出しを付ける場合に利用します。貸出ガイドは，貸し出したときの代わりに置くものです。

第5章　技　能

3 資料・書類の貸し出しと保管

Key フレーズ 「貸出ガイドは貸し出す資料の身代わり」

資料などを貸し出すときは，その資料の身代わりとして「貸出ガイド」をフォルダーに入れておきます。ガイドには，必要事項を記入します。貸し出した資料が戻ってきたら，貸出ガイドを抜き取って資料をフォルダーに入れます。

☆ 資料の貸し出し

他部署などに資料を貸し出す場合は，「貸出ガイド」を利用します。貸し出す資料の代わりに，資料が納められていた場所に貸出ガイドを差しておきます。貸出ガイドには，貸出先・貸出日・返却予定日・書類名等を記入する欄を設け，右端に「貸出」と記した山がついています。フォルダー内にある書類を全部貸し出すときは，書類を持ち出し用フォルダーに入れ替えて，空になったフォルダーには貸出ガイドを差しておきます。

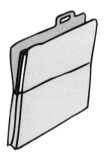

🔼 持ち出しフォルダーの例。

貸出ガイドの例。

貸出先	貸出日	返却予定日	書類名

5/6　　　1/6　貸出

1/6　1/6　1/6　1/6　1/6　1/6

資料を全部貸す場合も，フォルダーごと貸し出したりしません。必ずフォルダーを残し，その中に貸出ガイドを入れておくようにします。

貸し出した資料が戻ってきたら，貸し出した資料が間違いなくあるかどうかを確認し，貸出ガイドを抜き取って貸し出した資料を元のフォルダーに入れます。

☆ 書類の移し替え・置き換え

　使用頻度が少ない書類やほとんど使わない資料などは，手元に置く必要がなくなるので，離れた場所で保管するようにします。保存資料を同じ室内の中で移すことを「移し替え」，事務室から地下や別室の書庫室や倉庫などに移すことを「置き換え」といいます。フォルダーの移し替え・置き換えの具体的な手順は以下の通りです。

① 前年度分を整理する

●キャビネットの上2段分に本年度分，下2段に前年度分が保管してある場合，前年度分の下2段にある書類を整理し，保存すべきものと廃棄するものを分類する。

●保存すべきものは書庫や倉庫などへ置き換える。不要なものは廃棄する。

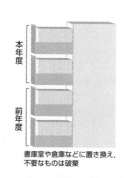

書庫室や倉庫などに置き換え，
不要なものは破棄

② 本年度分を移す

●上2段から，必要な資料と未完の書類を残し，残りを下2段に移し替える。

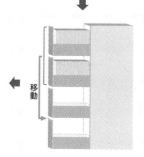

移動

③ 作業完了

☆ 保存と廃棄

　利用したいときにいつでも使える状態に保っていることを「保管」といいますが，全ての書類をいつまでも保管しておくことはできません。そこで，使用しなくなった書類は廃棄することになりますが，廃棄の基準は決められた保存年限に従います。商法及び会社法などの法律で保存期間が定められている書類はそれに従い，それ以外は会社で定めた保存期間（永久保存，5年・3年など）まで保存するようにします。

4 名刺の整理と活用法

■これだけは押さえておきたい■

Key フレーズ 「年に一度は名刺の整理をする」

名刺は増え続けていきます。年に一度は整理して必要なものと不要なものに分類します。不要になった名刺はそのまま捨てないで細かく破って捨てるようにします。また，肩書が変わったことを知ったら，すぐに名刺を訂正し，常に最新の状態にしておきます。

☆ 名刺の整理用具

　名刺の整理用具には，名刺整理簿と名刺整理箱がありますが，最近では，検索が便利なことからパソコンでの管理を行う企業も増えてきました。

◆名刺整理簿

　帳簿式の台紙に名刺を収納するもの。一覧性があって見やすいので，名刺が少ない場合には便利です。しかし，量が増えてくると，差し替えが面倒で追加や廃棄がしにくいこと，大きい名刺は収納できないなどの欠点もあります。

🔺 名刺整理簿。

◆名刺整理箱

　細長い箱に名刺を立てて整理するもの。名刺の出し入れや追加・差し替えが楽なので，量が多い場合に便利です。分類項目ごとにガイドを立てると探しやすくなります。

◆パソコン管理

　増減・訂正が簡単にできる点や検索も速いなどの利点がありますが，データ化した個人情報の管理には注意が必要です。

🔺 名刺整理箱。

☆ 名刺の分類法とクロス索引

　名刺は個人名・会社名・業種別のいずれかで分類します。

　また，クロス索引にして整理しておくと，「会社名は分かっているが個人名が分からない」というケースでも探し出せるので便利です。

◆名刺の分類法の選択

　どの名刺分類法を選ぶかは，どれで探すことが多いかによって決まります。

名刺の分類法
●名字の五十音順で分類。
●会社名の五十音順で分類。
●業種別で分類。

◆名刺のクロス索引

　個人名の五十音別で分類した場合，会社名は分かっていても，個人名を忘れてしまうと名刺を探せなくなります。そんな場合に備えて，別に会社名と関係者名を書いたカードを作成し，会社名の五十音順で分類しておきます。こうすれば，会社名のカードに書いてある個人名を思い出して名刺整理箱から個人の名刺を探し出すことができます。この方法をクロス索引といいます。

```
世界物産株式会社

社長       横田茂樹
専務       太田二郎
常務       高原洋次
営業部長    船田　清
営業課長    森脇博和
```

☝ 会社名のカードに
関係者名を書く。
このカードも五十
音順に分類する。

☆ 名刺の整理，管理上の注意点

　名刺を整理したり管理する場合は以下の点に留意します。

●受け取った名刺には「日付」や「その人の特徴」
などをメモし，名刺整理箱に入れる場合は，該
当するガイドのすぐ後ろに差す。

●名刺整理箱から抜いて使った名刺は元のところ
には戻さず，該当するガイドのすぐ後ろに差す。

●上司の個人的な名刺と，業務関係は別にする。

●住所・電話番号の変更通知状を受け取ったり，
人事異動で肩書の変更を知ったら，すぐに名刺
を訂正しておく。

●1年に1回は名刺の整理をし，不要な名刺は廃
棄する。

☝ 抜いて使った名刺
はガイドのすぐ後
ろに差す。

第5章 技　能

■これだけは押さえておきたい■
Key フレーズ 「横組の本は左とじ，縦組の本は右とじ」

横組の本は表紙を表にして左側がとじられています。従って，頁を開く場合は左側に開くようになります。縦組は逆です。これは文書をとじる場合も同じなので注意しましょう。

☆ カタログの整理

　カタログとは商品を紹介した冊子のことですが，整理するときは次のような点に注意します。

● 会社別ではなく，商品・製品別に分類する。

● 総合カタログなど厚みのあるものは，書棚などに立てて整理する。

● 薄いカタログやパンフレットなどは内容別に分類し，ハンギング・フォルダーに入れて整理する。

● 年に1回は点検して，不要なものを処分する。また，新しいものを入手したら，古いものは処分する。

⬆ ハンギング・フォルダー。

■ これは 間違い！ ■

リーフレットもパンフレットも宣伝用などに印刷されたもので同じ意味だと思います。

間違いの理由

リーフレットは一枚の紙に印刷されたもので，パンフレットは，背がとじられているページ数の少ない小冊子のことです。

Let's Study!
よく出る問題

■ 適当＝○か不適当＝× か考えてみよう。

□ 保存が定められている資料でも，必要がなくなったら，整理のために捨てるようにしている。

解説：資料は，ある期間保存しておかないと差し支えが出るので保存期間が定められているのである。従って，必要があるなしにかかわらず，保存しなければならない。必要がなくなったから捨てるというのは不適当。

解答＝×

☆ 雑誌の整理

　雑誌を入手したら日付を控えておき，上司の部屋や応接室では常に最新号が読めるようにしておきます。保存期間は，一般誌は前年度分だけ，専門誌の場合は長くて5年分とします。雑誌を保存する場合は，6カ月分か1年分をまとめて下図のようなピン製本で合本し，背に「△△△　○年1月号〜12月号」などと雑誌名と号数を明記しておきます。

☝ピン製本用具。　　　　　　　　　☝背には合本した雑誌の情報を記入。

☆ 雑誌・カタログの関連用語 ＊理解したらチェックしよう

　雑誌やカタログに関連する用語には，以下のようなものがあります。

総目次とは，1年分などを単位として，目次をまとめたものです。

☐ 日刊	毎日発行されるもの。
☐ 週刊	毎週発行されるもの。
☐ 旬刊	10日に1回発行されるもの。
☐ 月刊	毎月発行されるもの。
☐ 隔月刊	2カ月に1回発行されるもの。
☐ 季刊	年に4回発行されるもの。
☐ 増刊	定期刊行物が臨時に発行されること。
☐ 絶版	売り切れ後印刷されない刊行物。
☐ カタログ	商品の目録や商品案内の冊子。
☐ 総合カタログ	その会社が取り扱う全商品を1冊にまとめたもの。
☐ リーフレット	1枚物の（宣伝用などの）印刷物。
☐ バックナンバー	既に発行された雑誌などの号。

第5章　技能

6 情報収集と管理

Key フレーズ 「切り抜きでは台紙1枚に1記事が原則」

スペースが空いているからと同じ台紙に複数の記事を貼ると，分類するときに困ります。後で一つのテーマにまとめる際，同じ台紙に貼った記事が別々になる可能性があるからです。

☆ 新聞・雑誌の切り抜き

秘書は，上司が指示した新聞や雑誌の記事を切り抜くほか，自分の判断で上司に必要と思われる記事などを切り抜くようにします。切り抜く際は，以下のような点に注意します。

- ●あらかじめテーマを分類しておく。
  例）政治・経済・労働・業界動向など。
- ●切り抜く記事をマーカーなどで囲む。
- ●新聞は翌日以降，雑誌は次号発行後に切り抜く。
- ●記事の余白に，新聞の場合は「紙名・日付・朝夕刊の別（地方版の場合は地方版名）」，雑誌の場合は「誌名・年月・号数・ページ」を記入する。
- ●切り抜けない場合や切り抜きたい記事が両面にある場合はコピーするとよい。
- ●台紙はA4判に統一し，原則として1記事1枚とする。ただし，同じテーマなら，1枚の台紙に小さい記事を複数貼ってもよい。

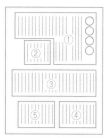

 形の悪い記事は，形を整えて貼る。

これは 間違い！

シリーズものの記事は，そのシリーズが終わってから切り抜くようにしています。

間違いの理由

シリーズが完結するまで待つ必要はありません。情報はできるだけ早く収集することが大切です。

☆ 切り抜きの整理

切り抜いた記事は台紙に貼って分類し，次の方法で整理します。

● フラットファイルにとじる。

● 台紙をとじないでフォルダーに入れて，キャビネットに納める。

フラットファイルで整理すると再分類するときに便利です。

キャビネットの引き出しに立てて納める方法をバーチカル・ファイリングといいます。

☆ さまざまな情報収集

　新聞・雑誌以外にも，秘書はさまざまな資料を収集することになります。どのようにすれば情報が手に入るか常に研究しておきます。

◆社内資料の収集

　上司に資料を要求されたら，秘書はすぐそれを探し出して上司に提出しなければなりません。そのためには，自社の各部署の業務を把握し，どの資料がどの部署にあるのかを，日ごろからチェックしておくことが大切です。

◆社外資料の収集

　よく利用する社外資料には，列車時刻表・会社年鑑・紳士録・政府発行白書などがありますが，常に最新版を常備しておくようにします。

◆インターネットで収集する

　インターネットの接続業者と契約していれば，数多くのホームページから情報を入手することができます。ただし，信頼性のないデータもあるので注意が必要です。適切な情報を得るための検索方法を知っておくことが重要です。

第5章　技　能

1 難易度 ★☆☆☆☆ 😣 できないと キビシ〜!! チェック欄

　営業部長秘書Aは毎朝読む新聞の中から，上司の役に立ちそうな記事などを情報として提供している。次はその例である。中から<u>不適当</u>と思われるものを一つ選びなさい。

1）関係者の訃報
2）時事用語の解説
3）関係する会社の役員人事
4）業界の動向に関するニュース
5）関係する新製品の紹介記事や広告

2 難易度 ★☆☆☆☆ 😣 できないと キビシ〜!! チェック欄

　秘書Aは新人Bから，「文書を部内の共有キャビネットに保管して，集中管理しているのはなぜか」と尋ねられた。次はこのときAが答えたことである。中から<u>不適当</u>と思われるものを一つ選びなさい。

1）文書の私物化を防ぐため。
2）保管スペースを効率よく使うため。
3）情報について共通認識を持つため。
4）不要になった文書を捨てやすくするため。
5）部員の利用頻度で，仕事量を把握するため。

3　難易度 ★★☆☆☆　 できないと アヤウイ!　　　チェック欄

　次は秘書Aが上司から取り寄せるように指示され，総務部へ取りに行った資料である。中から<u>不適当</u>（総務部では取り扱っていない資料）と思われるものを一つ選びなさい。

1）取締役会の議事録。
2）市場調査の報告書。
3）災害時の備蓄品一覧。
4）前社長の社葬の記録。
5）事務用品の年間購入記録。

4　難易度 ★★☆☆☆　 できないと アヤウイ!　　　チェック欄

　秘書Aは，上司が受け取った名刺の整理を名刺整理箱で行っている。次はその整理の仕方である。中から<u>不適当</u>と思われるものを一つ選びなさい。

1）部署や役職などの変更が分かったら，名刺に書き入れている。
2）名刺には，受け取った日付と用件などをメモして収納している。
3）使わなくなった名刺は，専用の保管ケースに別に収納している。
4）同じ人から再度名刺を受け取ったら，古い名刺と差し替えている。
5）上司の友人などの私的な名刺は，仕事上の名刺とは別に保管している。

第5章 技　能

　次は資料の名称と，その担当部署名の組み合わせである。中から<u>不適当</u>と思われるものを一つ選びなさい。

1）福利厚生費予算　　　――　厚生課
2）株主総会議事録　　　――　総務課
3）月ごとの部門別収支　――　経理課
4）リース機器の一覧表　――　営業課
5）材料仕入れ先一覧表　――　資材課

　次は名刺整理用具の特性を述べたものである。それぞれの整理用具の名称を（　　　）内に答えなさい。

1）容易に出し入れでき，多量の名刺を整理するのに便利である。
　　（　　　　　　　　　　　　　　）
2）一覧性があり見やすいが，名刺が増減したときの整理には不便である。
　　（　　　　　　　　　　　　　　）

1=2) 上司の役に立ちそうな記事とは，仕事に関係することや上司の関心事などになる。時事用語の解説は必要に応じて上司が自ら吸収する知識のようなもの。秘書が提供するようなものではないので不適当である。

2=5) 文書の集中管理とは，文書は個人で持たず，必要なときは部内で共有している文書を見るというやり方。理由は5）以外の通りで効率化のため。利用頻度で仕事量を把握するためなどは，見当違いで不適当ということである。

3=2) 市場調査とは，生産や販売活動に役立てるための情報収集と分析のことだから，その報告書は関係部署である企画部，販売部，営業部などに取りに行くことになる。

4=3) 使わなくなった名刺はもう使い道がないから，破棄してよい物ということになる。それを，専用の保管ケースに別に収納しても意味がないので不適当である。

5=4) リース機器とは，長期で借りている，例えばコピー機とかパソコンなどのこと。このような備品の管理は一般的に総務課が担当するものなので，営業課との組み合わせは不適当ということである。

6=【解答例】1) 名刺整理箱　2) 名刺整理簿
　【解説】解答例の他に，2) は「名刺ファイル」「名刺フォルダー」などもよい。

合否自己診断の目安

　正解率60％以上を合格の目安としてください。ここでは，6問出題したので，4問以上の正解でクリアです。

4 文書・資料管理	6問中 [　] 問正解 ●正解率＝ [　] ％

「文書・資料管理」では，ファイリング用品の名称や形状を正確に覚えておくことも大切です。
さて，いよいよ次は最後のセクションです。力を振り絞ってチャレンジしましょう！

SECTION 5 日程管理とオフィス管理

Lesson 1 予定表の種類と記入要領

☆ 日程管理の意味

　上司の予定は正確かつ綿密に立てる必要がありますが，そのためには行動予定を表にして管理するのが便利です。予定表は，一律に決まったものではなく，上司によって異なるので，秘書は上司の行動に合わせた予定表を作成しなければなりません。

- ●上司の行動　上司は，秘書の作成したスケジュールに沿って業務を進めることになる。

- ●秘書の役割　秘書は，上司が仕事をスムーズに行えるように，社内外の主要行事，出張，諸会議・会合，訪問などの行動予定を表にまとめる。

☆ 予定表の種類

　最初に年間予定表に，年間の決まっている行事や定例会議などの行動予定を書き込み，月間予定表，週間予定表，日々予定表（日程表）の順にまとめていきます。

週間予定表

日	曜日	摘要 8 9 10 11 12 1 2 3 4 5 6 7 8 9	備考
6	月	役員会議　　祝賀会	
7	火	企画会議　　講演会	
8	水	理事会	

実際の業務の中では，週間予定表がよく活用されます。

⬆ 週間予定表の例。

●年間予定表　1年間に行われる社内外の主要行事を一覧表にしたもの。入社式・創立記念日・株主総会・定例役員会・業界の大会などを記入する。

●月間予定表　1カ月の行動予定を一覧表にしたもの。主要年間行事のほか，出張，会議・会合，訪問などの予定を記入する。

●週間予定表　1週間の確定した行動予定を時間単位で記入する一覧表で，会議・会合，面談，訪問，出張，講演，式典などの項目を詳細かつ正確に記入する。私事については，簡略に書くか，「K氏」など記号を用いて記す。

●日々予定表　その日その日の上司の行動予定を書き入れたもので，時
（日程表）　分単位で記入する。備考欄を設け，必要な情報が一覧できるようにしておく。

☆ 予定表の記入要領

予定表に記入する場合には次の点に留意します。

●記入事項　予定表に記入する主なものは，会議，面談，訪問，会合，出張，講演，日時の決まった仕事，式典，私事の行事など。なお，私事については，記号などを使って書くようにする。
　　　　　　例）「Y氏子息の結婚式に出席」など。

●表示方法　表示は簡潔で見やすく。
　　　　　　よく使う言葉は記号で表すとスペースも省けて便利。
　　　　　　例）会議→□　来訪→○　出張→△　など。

●予定変更　予定が変更されたときは，変更前の予定が分かるように2本線で消す。

●上司に確認　月間予定表は前月末まで，週間予定表は前週末まで，日々予定表は前日の終業時までに，それぞれ上司に見せ，上司が確認してからコピーして上司と秘書が1部ずつ持つ。

●配布　月間予定表や週間予定表は，社内で上司の行動を知る必要がある関係者に配布しておく。その際，上司の私事は省くようにする。

第5章　技　能

■これだけは押さえておきたい■
Key フレーズ 「上司の出張先は社外の人に知らせない」

上司が出張中に取引先などから至急上司と話したいなどと電話が入ることが
あります。そういうときも上司の出張先を知らせないのが原則です。出張先が
重要な情報になる場合があるからです。そのときには秘書が連絡を取ります。

☆ 予定の変更と調整

予定の変更があれば，秘書は次の要領で処理します。

● **行事の変更** 行事の変更があったら，上司にその旨を告げてから，上司用と秘書用の予定表を書き換える。

● **当方の都合による調整** 上司の都合で面会等の約束を変更する場合は先方にわびを入れ，先方の都合を聞いた上で上司と変更調整し，改めて日時を決定。上司用と秘書用の予定表を書き換える。

● **先方の都合による調整** 先方から予定変更の申し入れがあったら，新しい予定について上司と調整し，決定したら上司用と秘書用の予定表を書き換える。

● **関係者への連絡** 予定が変更になったら，必要な関係先に漏れなく連絡する。

こちらの都合で，面会の約束を変更する場合は，事情を話して丁寧にわびます。そして，相手の都合のよい日時を二，三聞いて上司と相談して決めるようにしています。

══ これは **間違い！** ══

上司が出先などで決めてきた予定は，他の予定があっても優先的に入れるようにしています。

間違いの理由

予定が重なった場合の優先順位は，重要度やその機会を逃すと他にないなどの要素で決定されます。上司が外出先で決めてきても，それを優先するのではなく，上司に予定が重なることを報告し，指示を受けるようにします。

☆ 出張に関する事務

上司が出張する際には以下のような秘書業務を行います。

① 出張計画
- 出張期間，目的地などを上司に確認する。
- 出張予定に基づいて，交通手段や宿泊地などの出張計画案を作成する。
- 上司にその原案を見せ，上司の意向に沿って修正する。

② 交通機関の選定・手配
- 上司の希望，会社の旅費規定，目的地までの効率，到着・出発時刻などを考えて選定する。
- 予約できるものは早めに手配する。

③ 宿泊の手配
- ふさわしいホテル・旅館をリストアップし，旅費規定の範囲で上司の希望に沿った施設を選び，手配する。

④ 旅程表作成
- 旅程表は出張中の予定を一覧表にまとめたもの。
- 1日ごとに出発時刻，到着地，到着時刻，訪問先，出席する会合，宿泊場所などを記入する。
- 旅程表は上司に渡し，関係先にも配布する。

⑤ 出発の準備
- 必要な費用を概算し，経理部門から仮払いを受ける。
- 出張先での仕事に必要な所持品を準備する。名刺，筆記用具，旅程表，切符，旅費，関連書類，資料，切手，封筒など，漏れのないようチェックする。

☆ 出張中・出張後の秘書の仕事

上司が出張しているときは，仕事に余裕が出てきます。秘書は，上司に指示された仕事をするだけでなく，雑誌の切り抜きや資料の整理など，普段は手が回らない仕事に時間を当てます。また，留守中の出来事を報告するメモを作るほか，郵便物の整理もしておきます。

上司が出張から戻ったら，次のような仕事をします。

- 留守中の出来事をメモにまとめておき，上司に簡潔に報告する。
- 帰社した上司の持ち物を整理し，旅費や諸経費の精算をする。
- 上司の指示を受けて，出張報告作成の補佐や清書などをする。
- 上司の指示があれば，出張中に世話になった相手に礼状を書く。

3 机の使い方と事務用品の種類

■これだけは押さえておきたい■
Key フレーズ 「上司の机の引き出しの中は片付けない」

> 上司の机の上は秘書が整理・整頓しますが，机の引き出しは開けたりしません。秘書にも見せられない重要な書類や私的なものを入れていることがあるからです。また，一般に，他人の引き出しを開けないのはマナーです。

☆ 机の使い方

　秘書は自分の机だけでなく上司の机の上も整理，整頓します。それぞれの机の上の用具の基本的な配置の仕方を心得ておきましょう。

◆机の上の整理

　机上の整頓は，効率よく仕事を進めるためには欠かせないものです。机の上には，「必要なもの以外は置かない」のが原則です。

　またオフィスは，いつ来客があっても気持ちよく迎えられるようにしておきます。

》》》 これは **間違い！** 《《《

> 上司の机にある不要と思われる紙などは捨てています。

間違いの理由

秘書の目には不要と映ったものでも，上司にとっては大切なメモかもしれません。上司がごみ箱に捨てたものなら捨てて構いませんが，机の上にあるものは何であれ，勝手に処分してはいけません。

電話番号簿　メモ　トレー

☝ 上司の机の上の配置例。

電話番号簿　メモ　名刺整理箱　トレー

☝ 秘書の机の上の配置例。

◆引き出しの使い方

　引き出しを効率的に活用するためには，どの引き出しに何を入れておくかをはっきりと決めておくことです。また，使ったら元に戻す習慣をつけます。なお，秘書は上司の引き出しを勝手に整理してはいけません。整理する場合は，上司の許可が必要です。

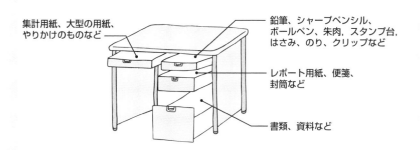

集計用紙、大型の用紙、やりかけのものなど

鉛筆、シャープペンシル、ボールペン、朱肉、スタンプ台、はさみ、のり、クリップなど

レポート用紙、便箋、封筒など

書類、資料など

　🔼 秘書の引き出しの使用例。

☆ 事務用品の種類と管理

　秘書には，事務用品を選択・配置・補充していく仕事があります。

◆事務用品の種類

　日常的に使う事務用品には以下のようなものがあります。

●**事務用備品**　机・椅子・ホチキス・穴開け器（パンチ）・ファスナー（書類とじ）・ナンバリング（書類に番号を打つ器具）・チェックライター（金額を刻字する器具）・キャビネット・保管庫・トレー（決裁箱）など。

●**事務用消耗品**　鉛筆・シャープペンシル・ボールペン・フェルトペン・サインペン・消しゴム・認め印・朱肉・透明テープ・粘着テープ・クリップ（ゼムピン）・便箋・メモ用紙・のり・帳票類・ホチキスの針など。

◆事務用品の管理

　秘書は日常的に次のチェックを行います。

●日付印の日付を正しくする。
●不足している消耗品の補充。
●故障・破損品の補修手配。

4 オフィス機器の種類

これだけは押さえておきたい
Key フレーズ 「スペースの有効利用には複合機が便利」

OA機器には，一台で複写機能，ファクス機能，スキャナー機能，プリンター機能などを兼ね備えた複合機があります。それぞれの機械を置く必要がなくオフィス・スペースの有効利用ができます。

☆ OA機器

OAとはオフィス・オートメーションの略。OA機器とは，事務作業の効率化を図るための機械のことで，生産性の高い経営管理を実現するために多くの企業で導入されています。

OA機器には以下のようなものがあります。

◆複写機

一般にコピー機と呼ばれているものです。文書の複写のほか，書籍など厚みのあるものも複写することができ，複数枚を自動的に複写する機能や写真と文字を適切に複写する機能，フルカラー出力ができる機能など，多くの機能を持った複写機があります。

◆ファクシミリ

一般にはファクスと呼ばれています。電話回線を利用して，文書や図画などを遠隔地に送信したり，受信して用紙に出力する機械で，オフィスでは複写機と一体化されたものが主流。電話が通じるところであればどこでも送・受信できます。

郵送と違って瞬時に文字情報を伝達することができ，元の原稿が手元に残るという利点がありますが，写真原稿などを送る場合は解像度に限界があります。また，相手先のファクス番号を間違えてしまうと取り返しがつかないので重要書類などを送ることは避けます。

◆パソコン

パーソナル・コンピューターの略。事務オフィスでは今や一人に1台の割で使用するまでに普及しています。パソコンの機械そのものはハードと呼ばれ，特に何かができるというものではありません。コンピューターを作動してさまざまな作業をすることができるのは，アプリケーションソフトと呼ばれるソフトがあるからです。

　このソフトには，文書作成用のソフトや表計算ソフト，画像処理ソフト，通信ソフトなど数多くのソフトがあります。

　電子メールのソフトを利用すれば，パソコンでお互いに通信して文書や画像のやりとりをすることができます。また，インターネットに接続してあれば，さまざまな情報を入手することができます。

◆プリンター

　パソコンに接続して，作成した文書や画像などを用紙に出力する機械です。白黒だけでなくカラープリンターもあります。

◆スキャナー

　文書や画像を読み取る機械。パソコンと接続して画像などを読み込み，パソコンで作成している文書に取り込んだりします。

☆ その他のオフィス機器

　よく使用されるものには以下のようなものがあります。

◆プロジェクター

　パソコンの画面をスクリーンに投影する機器で液晶のものが主流になっています。プレゼンテーション，会議，研修などで資料を示すときに使われます。

👆 プロジェクター

◆文書細断機

　機密を保持するため文書を細かく裁断する機械で，一般にはシュレッダーと呼ばれています。

◆ホワイトボード

　水性インクなどで文字や図を書くための白地のボードで，会議用によく用いられます。電子ホワイトボードもあり，書いたものを縮小してプリントしたりすることができます。

◆タイムレコーダー

　時計と印字装置を組み合わせ，時刻をカードに記録する装置。出退時刻による勤務の記録などに用います。

Let's Study！
よく出る問題

■適当＝○か不適当＝×か考えてみよう。

□ スキャナーとは，コンピューターなどで文字や図を表示する画面のことである。

解説：スキャナーとは，図や文字を読み取る機械のことで，コンピューターに接続すれば，画像を取り込むことができる。問題の説明文は，モニターのことである。

解答－×

5 快適な環境づくり

Key フレーズ 「秘書の机は人の出入りが分かる位置に」

秘書の机は，来客が訪れたらすぐ対応できるように入り口近くに配置します。一方上司の机は，人の出入りで気が散らないように入り口から見えない部屋の奥に配置します。またクーラーの風や直射日光が当たらないように配慮します。

☆ オフィス環境

オフィスを快適な環境に保つのも秘書の仕事です。夏の軽装を奨励する会社では，エアコンの温度を高めに設定するなど配慮します。

◆照明

オフィスの採光や照明は，仕事の能率や上司の目の疲れに大きな影響を与えるので，秘書は十分気を配ります。

●直接照明	光源から目的物を直接照らす方式。オフィスの蛍光灯など。
●間接照明	光源の光を壁などに当て，その反射光を利用する。
●自然光	カーテンやブラインドなどで自然光を調整する。

◆防音

オフィスの防音対策には以下のようなものがあります。

●ドア	ドアチェック（ドアクローザー）を付け，ドアが閉まるときの音をなくす。
●窓	厚手のカーテンを用いたり，ついたてを立てたりして外部の音を遮断する。
●壁・天井	壁や天井に吸音材を張って音を吸収する。

◆色彩調節

部屋の色彩も心理面で影響を与えます。

●応接室	和やかな雰囲気が求められる応接室は，クリーム色などの柔らかい色を使う。
●役員室・会議室	役員室や会議室は，落ち着いた雰囲気をつくるため茶色，ベージュなどの色を使う。

◆空気調節

エアコンを調節してそれぞれの季節に最適な温度や湿度を保つようにします。その際，エアコンの風が上司に直接当たらないように配慮します。

湿度は年間を通して50〜60%にします。

- ●春・秋　気温22〜23度　　湿度50〜60%
- ●夏　　　気温25〜28度　　湿度50〜60%
- ●冬　　　気温18〜20度　　湿度50〜60%

☆ オフィスレイアウト

オフィスレイアウトで優先することは，動線を考え，仕事がしやすいように机や備品を配置することです。また，上司と同室の場合は向き合わないようにし，秘書の机は人の出入りが把握できる場所に配置します。

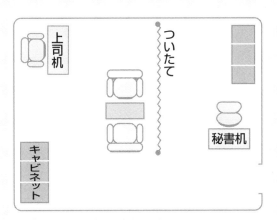

上司の机は，部屋の奥に配置し，入り口から上司が見えないようにすることが大事なポイントです。

⬆ オフィスレイアウトの例。

☆ オフィスの整理・整頓

上司が気持ちよく仕事ができるように，秘書は毎朝オフィスの掃除をするほか，キャビネット，パソコンなどの備品や機器の手入れ，室内の整理整頓に気を配ります。また毎日手に取る電話機やパソコンのマウス，キーボードなどは，机の上や応接テーブル同様，常に清潔に保つようにしておかなければなりません。

第5章技能

1 難易度 ★☆☆☆☆　😖 できないと キビシ～!!　　　チェック欄

　秘書Aは上司から，来週出張することになったので準備をしてもらいたいと言われた。次はそのときAが上司に確認したことである。中から<u>不適当</u>と思われるものを一つ選びなさい。

1）仮払いの金額
2）出張先と同行者の有無
3）出発の日にちと出張期間
4）交通と宿泊についての希望
5）出張先での面談の回数と目的

2 難易度 ★★☆☆☆　😐 できないと アヤウイ!　　　チェック欄

　秘書Aは上司から，「来週水曜の出張は泊まることになった。木曜10時からのT社中島部長との打ち合わせは午後以降に変更しておいてもらいたい」と言われた。次はこのことについてAが順に行ったことである。中から<u>不適当</u>と思われるものを一つ選びなさい。

1）中島部長に，来週木曜日10時に約束してある打ち合わせの時間を変更したいという電話をした。
2）このとき，上司の出張が延びたためとわびて，こちらの都合は木曜日の午後がよいと言った。
3）中島部長は午後3時ならよいと言ったので，その時間に待っていると伝えた。
4）スケジュール表の木曜10時の予定を二本線で消し，3時に変更した。
5）このことを上司に報告して応接室を予約し直し，関係者に上司のスケジュール変更を連絡した。

3　難易度 ★★★☆☆ できて ひとまずホッ!!　　チェック欄

　次は部長秘書Aが，上司のスケジュール管理で行っていることである。中から<u>不適当</u>と思われるものを一つ選びなさい。

1）まだ日程の決まっていない定例行事は，前年度を参考にして仮に予定している。
2）小耳に挟んだ上司の私的な予定は自分のノートに控えておき，前の日に上司に確認している。
3）他部署の部長に渡す上司の予定表には，欄外に「○月○日現在」と作成日を書き入れている。
4）他の人の予定でも特に知っておいた方がよいものは，上司の予定表の備考欄に書き入れている。
5）上司の出社時と退社時には上司に予定を確認するが，時間に余裕のないときはメモでしている。

4　難易度 ★★★☆☆ できて ひとまずホッ!!　　チェック欄

　秘書Aは，上司の出張中に上司の部屋の整備をすることにした。次はそのために，出張前の上司に尋ねたり頼んだりしたことである。中から<u>不適当</u>と思われるものを一つ選びなさい。

1）書棚を整理したいので，廃棄してよい雑誌をまとめておいてもらえないか。
2）壁にかけてある絵画を，昨年と同じように季節に合わせた絵に替えてもよいか。
3）上司の机を少しずらせばじゅうたんのほつれが隠れるので，動かしてもよいか。
4）上司のロッカー内に不要な物があれば，分かるようにしておいてもらえないか。
5）雰囲気を変えるため，観葉植物の種類を替えようと思うがどうか。希望はあるか。

1＝5）出張先での面談の目的を確認したのは，立ち入り過ぎなので不適当。出張の準備を頼まれたのだから，それに必要なことを確認するのがよい。

2＝2）こちらの都合で予定の変更をお願いするのに，相手の希望を先に尋ねていないので不適当。この場合は，木曜の午後以降という上司の都合を言った上で，相手の都合のよい日時を尋ねるのがよいということである。

3＝2）上司の私的な予定が仕事のスケジュールに関係することもあるから，小耳に挟んだら自分のノートに控えておくのはよい。が，それを前の日に確認するなどは余計なことで不適当である。

4＝1）上司の部屋の書棚を整理するのだから，廃棄するものは上司に確認することになる。が，まとめておくよう頼むのは，上司に整理するよう言っているのと同じなので不適当ということである。

合否自己診断の目安

正解率60％以上を合格の目安としてください。ここでは，4問出題したので，3問以上の正解でクリアです。

ただし，「第5章　技能」全体では，合計28問なので，17問以上の正解でクリア，また，「実技領域」では，合計54問なので，33問以上の正解でクリアとなります。

5　日程管理とオフィス管理	4問中	問正解 ●正解率＝	％
第4章　マナー・接遇（計）	26問中	問正解 ●正解率＝	％
第5章　技能（計）	28問中	問正解 ●正解率＝	％
実技領域（計）	54問中	問正解 ●正解率＝	％

これで全て終了です。お疲れさまでした。
成績の方はどうでしたか？
えっ，理論領域，実技領域の両方ともクリアですか!!
それは素晴らしい!!　応援した甲斐がありました。
バンザイ!!
実際の試験での合格をお祈りしています。

秘書技能審査基準
●2級●

程　　度	領　　域	内　　容
秘書的業務について理解ができ，一般的な秘書的業務を行うのに必要な知識，技能を持っている。	Ⅰ　必要とされる資質 (1) 秘書的な仕事を行うについて備えるべき要件 (2) 要求される人柄	①一般的に秘書的業務を処理する能力がある。 ②判断力，記憶力，表現力，行動力がある。 ③機密を守れる，機転が利くなどの資質を備えている。 ①身だしなみを心得，良識がある。 ②誠実，明朗，素直などの資質を備えている。
	Ⅱ　職務知識 (1) 秘書的な仕事の機能	①秘書的な仕事の機能を知っている。 ②上司の機能と秘書的な仕事の機能の関連を知っている。
	Ⅲ　一般知識 (1) 社会常識 (2) 経営管理に関する知識	①社会常識を備え，時事問題について知識がある。 ①経営管理に関する初歩的な知識がある。
	Ⅳ　マナー・接遇 (1) 人間関係 (2) マナー (3) 話し方，接遇 (4) 交際の業務	①人間関係について一般的な知識がある。 ①ビジネスマナー，一般的なマナーを心得ている。 ①一般的な敬語，接遇用語が使える。 ②短い報告，説明，簡単な説得ができる。 ③真意を捉える聞き方が一般的にできる。 ④忠告が受けられ，注意ができる。 ①慶事，弔事に伴う庶務，情報収集とその処理ができる。 ②贈答のマナーを一般的に知っている。 ③上司加入の諸会の事務を扱うことができる。
	Ⅴ　技　　能 (1) 会議 (2) 文書の作成 (3) 文書の取り扱い (4) ファイリング (5) 資料管理 (6) スケジュール管理 (7) 環境，事務用品の整備	①会議に関する知識，および進行，手順についての知識がある。 ②会議の計画，準備，事後処理ができる。 ①文例を見て，社内外の文書が作成できる。 ②会議の簡単な議事録が作成できる。 ③折れ線，棒，簡単な円などのグラフを書くことができる。 ①送付方法，受発信事務について知識がある。 ②秘扱い文書の取り扱いについて知識がある。 ①一般的なファイルの作成，整理，保管ができる。 ①名刺，業務上必要な資料類の整理，保管が一般的にできる。 ②要求された社内外の情報収集，整理，保管が一般的にできる。 ①上司のスケジュール管理が一般的にできる。 ①オフィスの整備，管理，および事務用品の整備，管理が一般的にできる。

イラスト：高崎祐子

秘書検定 2級 クイックマスター 改訂2版

2024年3月10日　　　　初版発行

編　者　公益財団法人 実務技能検定協会 ©
発行者　笹森 哲夫
発行所　早稲田教育出版
　　　　〒169-0075 東京都新宿区高田馬場一丁目4番15号
　　　　株式会社早稲田ビジネスサービス
　　　　https://www.waseda.gr.jp/
　　　　電話（03）3209-6201